悦·读人生

On Whitehead
怀特海

[美] 菲利浦·罗斯（Philip Ross）◎著

李超杰◎译

清華大學出版社
北 京

北京市版权局著作权合同登记号 图字01-2018-1980号

On Whitehead
Philip Ross

Copyright © 2014 by Wadsworth, a part of Cengage Learning.

Original edition published by Cengage Learning. All Rights Reserved. 本书原版由圣智学习出版公司出版。
版权所有，盗印必究。

Cengage Learning Asia Pte. Ltd.
151 Lorong Chuan, #02-08 New Tech Park, Singapore 556741

本书中文译文为中华书局许可使用。
本书封面贴有 Cengage Learning 防伪标签，无标签者不得销售。
版权所有，侵权必究。举报：010-62782989，beiqinquan@tup.tsinghua.edu.cn。

图书在版编目（CIP）数据

怀特海 /（美）菲利浦·罗斯（Philip Ross）著；李超杰译. —北京：清华大学出版社，2019（2023.2重印）
（悦·读人生）
书名原文：On Whitehead
ISBN 978-7-302-52549-3

Ⅰ.①怀… Ⅱ.①菲…②李… Ⅲ.①怀特海（Whitehead, Alfred North 1861-1947）—哲学思想—思想评论 Ⅳ.① B561.52

中国版本图书馆 CIP 数据核字（2019）第 047124 号

责任编辑：刘志彬
封面设计：李召霞
责任校对：王荣静
责任印制：宋 林

出版发行：清华大学出版社　　地　　址：北京清华大学学研大厦 A 座
　　　　　http://www.tup.com.cn　邮　　编：100084
　　　　　社 总 机：010-83470000　邮　　购：010-62786544
　　　　　投稿与读者服务：010-62776969，c-service@tup.tsinghua.edu.cn
　　　　　质量反馈：010-62772015，zhiliang@tup.tsinghua.edu.cn
印 装 者：三河市铭诚印务有限公司
经　　销：全国新华书店
开　　本：148mm×210mm　　印　　张：5.125　　字　　数：94 千字
版　　次：2019 年 5 月第 1 版　印　　次：2023 年 2 月第 2 次印刷
定　　价：35.00 元

产品编号：077073-01

怀特海

　　艾尔弗雷德·诺思·怀特
海（Alfred North Whitehead，
1861—1947），英国哲学家，
过程哲学创始人。毕业于剑桥
大学，并留校任教，学生有罗
素等，此后还就职于伦敦大学
和肯辛顿皇家科技学院、美国
哈佛大学等。著有《过程与实在》《数学原理》（与罗素合著）等。

　　怀特海的哲学主要为建构形而上学，从本体论上将建构规定为我们
所经验世界的一个基本特征（世界如何规整自身），把实在或实存本身规
定为一个创造性自我建构的框架。他受康德影响颇深，他的全部形而上
学体系几乎都是根据康德的构造观念——诉诸一个自我组织、自我影响
的原理——建构起来的。

内容简介

　　本书将怀特海的思想按照不同的方面，如他的"形而上学""先验客观主义""时间与实在""现实事态""宇宙论"以及"自由"等，进行了细致、深入地论述，帮助读者全面认识怀特海的思想世界。

总序

　　贺麟先生在抗战时期写道："西洋哲学之传播到中国来，实在太晚！中国哲学界缺乏先知先觉人士及早认识西洋哲学的真面目，批评地介绍到中国来，这使得中国的学术文化实在吃亏不小。"[①]贺麟先生主持的"西洋哲学名著翻译委员会"大力引讲西方哲学，解放后商务印书馆出版的《汉译世界学术名著》的"哲学"和"政治学"系列以翻译引进西方哲学名著为主。20世纪80年代以来，三联书店、上海译文出版社、华夏出版社等大力翻译出版现代西方哲学著作，这些译著改变了中国学者对西方哲

[①]　贺麟. 当代中国哲学. 上海：上海书店，1945：26.

学知之甚少的局面。但也造成新的问题：西方哲学的译著即使被译为汉语，初学者也难以理解，或难以接受。王国维先生当年发现西方哲学中"可爱者不可信，可信者不可爱"，不少读者至今仍有这样体会。比如，有读者在网上说："对于研究者来说，原著和已经成为经典的研究性著作应是最该着力的地方。但哲学也需要普及，这样的哲学普及著作对于像我这样的哲学爱好者和初学者都很有意义，起码可以避免误解，尤其是那种自以为是的误解。只是这样的书还太少，尤其是国内著作。"这些话表达出读者的迫切需求。

为了克服西方哲学的研究和普及之间的隔阂，清华大学出版社引进翻译了国际著名教育出版巨头圣智学习集团的"华兹华斯哲学家丛书"（Wadsworth Philosophers）。"华兹华斯"是高等教育教科书的系列丛书，门类齐全，"哲学家丛书"是"人文社会科学类"中"哲学系列"的一种，现已出版 88 本。这套丛书集学术性与普及性于一体，每本书作者都是研究其所论述的哲学家的著名学者，发表过专业性很强的学术著作和论文，他们在为本丛书撰稿时以普及和入门为目的，用概要方式介绍哲学家主要思想，要言不烦，而又不泛泛而谈。因此这套书特点和要点突出，文字简明通俗，同时不失学术性，或评论哲学家的是非得失，或介绍哲学界的争议，每本书后还附有该哲学家著作和重要第二手研究著作的书目，供有兴趣读者作继续阅读之用。由于这些优点，这套丛书在国外是不可多得的哲学畅销书，不但是哲学教科书，而且是很多哲学业余爱好者的必读书。

"华兹华斯哲学家丛书"所介绍的，包括耶稣、佛陀等宗教创始人，沃斯通克拉夫特、艾茵·兰德等文学家，还包括老子、庄子等中国思想家。清华大学出版社从中精选出中国人亟须了解的主要西方哲学家，以及陀思妥耶夫斯基、梭罗和加缪等富有哲思的文学家和思想家，以飨读者。清华大学出版社非常重视哲学领域，引进出版的《大问题：简明哲学导论》等重磅图书奠定了在哲学领域的市场地位。这次引进翻译这套西文丛书，更会强化这一地位。现在越来越多的人认识到，在思想文化频繁交流的全球化时代，没有基本的西学知识，也不能真正懂得中华文化传统的精华，读一些西方哲学的书是青年学子的必修课，而且成为各种职业人继续教育的新时尚。清华大学出版社的出版物对弘扬祖国优秀文化传统和引领时代风尚起到积极推动作用，值得赞扬和支持。

张世英先生担任这套译丛的主编，他老当益壮，精神矍铄，认真负责地选译者，审译稿。张先生是我崇敬的前辈，多年聆听他的教导，这次与他的合作，更使我受益良多。这套丛书的各位译者都是学有专攻的知名学者或后起之秀，他们以深厚的学养和翻译经验为基础，翻译信实可靠，保持了原书详略得当、可读性强的特点。

本丛书共 44 册，之前在中华书局出版过，得到读者好评。

我看到这样一些网评："简明、流畅、通俗、易懂，即使你没有系统学过哲学，也能读懂"；"本书的脉络非常清晰，是一本通俗的入门书"；"集文化普及和学术研究为一体"；"要在一百来页中介绍清楚他的整个哲学体系，也只能是一种概述。但对于普通读者来说，这种概述很有意义，简单清晰的描述往往能解决很多阅读原著过程中出现的误解和迷惑"；等等。

这些评论让我感到欣慰，因为我深知哲学的普及读物比专业论著更难写。我在中学学几何时曾总结出这样的学习经验：不要满足于找到一道题的证明，而要找出步骤最少的证明，这才是最难、最有趣的智力训练。想不到学习哲学多年后也有了类似的学习经验：由简入繁易、化繁为简难。单从这一点看，柏拉图学园门楣上的题词"不懂几何者莫入此门"所言不虚。我先后撰写过十几本书，最厚的有八九十万字，但影响最大的只是两本 30 余万字的教科书。我主编过七八本书，最厚的有 100 多万字，但影响最大的是这套丛书中多种 10 万字左右的小册子。现在学术界以研究专著为学问，以随笔感想为时尚。我的理想是写学术性、有个性的教科书，用简明的思想、流畅的文字化解西方哲学著作烦琐晦涩的思想，同时保持其细致缜密的辨析和论证。为此，我最近提出了"中国大众的西方哲学"的主张。我自知"中国大众的西方哲学，现在还不是现实，而是一个实践的目标。本人实践的第一步是要用中文把现代西方哲学的一些片段和观点讲得清楚明白"①。欣闻清华大学出版社要修订再版这套译丛，每本书都是讲得清楚明白的思想家的深奥哲理。我相信这套丛书将更广泛地传播中国大众的西方哲学，使西方哲学融合在中国当代思想之中。

赵敦华

2019 年 4 月

---

① 详见赵敦华. 中国大众的现代西方哲学. 新华文摘，2013（17）：40.

序 | Preface

　　艾尔弗雷德·诺思·怀特海（Alfred North Whitehead）的后期哲学，大概属于 20 世纪最不被人们理解和欣赏的著作之列。尽管在新兴的环境伦理学领域，怀特海的自然哲学在某种程度上得到了复兴，但在形而上学及一般哲学领域，他的著作所具有的更广泛的革命性意义却在很大程度上被忽略了。部分由于所讨论材料上的困难，但主要问题与怀特海很多主张的新颖性相关。新的观念常常需要新的语言用法，而这一点在怀特海的全部著作中比比皆是。例如，《过程与实在》就是一部在难度上可与康德的《纯粹理性批判》相媲美的著作。无论是难度极大的材料，还是新颖的思维方式，都需要给予持久的注意。正是把不懈的努力和新颖的思想结合起来的苛求，才使得这本书如此难以理解，从而如此少地被人问津。然而，除此之外，怀特海的著作所具有的时而简练、时而复杂的文风，也常常使人们集中于那些简约的、可引述的陈述，而忽略其观点中更难以理解和更具挑战性的方面。我之所以说这些，只是为了提请读者注意解读怀特海的困难所在。

在他的时代，无论作为数学家，还是作为哲学家，怀特海（1861—1947）都享有盛誉。作为数学家，他的《泛代数论》（1898）使他被选入皇家学会，而他与罗素（他的学生）合写的著作《数学原理》（1910—1913）则被公认为近代符号逻辑领域第一部奠基之作。怀特海出版了在科学哲学领域有广泛影响的两部早期著作——《自然知识原理研究》（1919）和《自然的概念》（1920）。在《相对性原理》中，他甚至为爱因斯坦的相对论提出了一个形式化的替代品，因为他批评相对论武断地把光速规定为一种"不变性质"或物理恒量，从而避开了普遍相对性。怀特海的两部小书——《符号论》（1928）和《理性的功能》（1929），则提供了他对语言理论和理性本质的重要看法。然而，他部头更大且更为重要的形而上学著作《科学与近代世界》（1926）、《过程与实在》（1929）和《观念的冒险》（1933），让我们看到了最富创造性、挑战性和彻底性的怀特海。在这三部著作中，《过程与实在》被认为是怀特海的最重要著作，因为它对他的形而上学体系作出了最成熟、最详细和最严格的总结。但怀特海本人把这三部著作视为一个包含各种观点、相互依赖和结构松散的体系的重要组成部分：

> "都力图要表达理解事物性质的某种方式，要指出那种方式是如何通过对人类经验种种变化的研究从而得到阐释的。每本著作都可分开来读，但是它们之间则是相互补充、相互生发的。"（AI，p.vii。另见《观念的冒险》，贵州人民出版社 2000 年版，第 1 页）

虽然在影响上不如其更著名的三部著作，但也许具有同样重要性的是《思想方式》（1938）和《科学与哲学文集》（1947）。在后一部著作中，"不朽""意义分析"和"数学与善"都具有特别的重要性。在这些后期著作中，我们看到了最具反思色彩的怀特海。他所提出的观点，尽管看起来不如其早期著作明晰和准确，但却更富于洞察力、暗示性分析和想象的创造。

对怀特海思想的影响来自多方面。他通晓古典思想，曾宣称全部哲学史都不过是柏拉图的注脚；他的历史知识十分广泛，在《观念的冒险》及其他类似著作中，他利用这一知识来说明他的一些较为重要的哲学主张（如，历史是由残酷的事实和理想的诱惑这双重力量驱动的）；他非常熟悉理论物理学，对牛顿和笛卡尔机械论宇宙观（及其思想学派所引发的认识论问题）的批判，构成了他自己形而上学体系发展的主要土壤。在《过程与实在》一开篇，他就把该书描述为"对从笛卡尔肇始到休谟告终的那个哲学思想阶段的再现"，并提出了该书所要采取的一般方向和基调。（PR，p.xi）

然而，我们发现，也许是康德的著作对怀特海的思想产生了最为强烈的影响，因为怀特海的全部形而上学体系最终都是根据康德的构造观念——诉诸一个自我组织、自我整理的原理——建构起来的。怀特海自己提到，在其学术生涯的早期，其兴趣广泛的收藏就已经包括了康德的《纯粹理性批判》。他在这本书上用功颇深，有些段落已牢记在心。罗素在其《自传》中也提到，怀特海"总是偏爱康德"，而他本人则对康德"充满了敌意"。[1]事实上，正是他的形而上学诉诸康德的构造原理，怀特海的著作才非常明显地与罗素更严格的分析方法分道扬镳。怀特海曾经这样提到他与罗素的区别：

"你认为世界就是晴天正午时分看上去的那个样子，而我认为世界是清晨人们刚从睡梦中醒来时看上去的那个样子。"

罗素后来在致友人的一封信（1958 年）中反驳道：

○ "另外一种表达怀特海和我之间区别的方法是：他认为世界像一个果冻，而我认为它像一堆子弹。二者都不是一种深思熟虑的意见，而只是一幅想象的图画。他晚年的哲学基本上是柏格森哲学。"②

柏格森的确是怀特海思想的另一个主要影响来源。柏格森的《创造的进化》连同其对时间、创造和绵延——通过直观加以把握的一种连续的、自我展开的创造性进展——的强调，对怀特海的著作产生了持久的影响。正如我们将看到的那样，怀特海"现实事态"的形而上学——实存本身的建构性自我组织的"条件"，实际上就是柏格森绵延原理的"原子化"：把柏格森连续的创造过程个体化为可分析的、自我组织的部分。

正如人们预料的那样，最初作为数学家接受训练的怀特海，在发展和推进其形而上学的研究过程中，极大地利用了若干核心性数学原理。③然而，尽管他在发展其形而上学体系过程中的确利用了数学（和其他不同的经验样式），怀特海试图为他所利用的数学（和其他）要素提供哲学解释，以便证明这种借用的正当性。既利用大量资源，同时又试图为他所利用的资源提供哲学说明，这种双重努力是怀特海形而上学方法的一部分。

对怀特海思想产生重要影响的其他来源包括 F.H. 布拉德雷对情感的解释，摩尔根的突创哲学，亚历山大的空间、时间和神，爱因斯坦的相对论，以及皮尔士的形而上学实用主义（虽然影响的程度尚不清楚）。

可以预料，怀特海在其他学者的著作中也发挥了重要作用。除了他们之间的不同之外，罗素深受怀特海的影响，并在不同场合公开承认这种影响。和罗素一样，凯恩斯也是怀特海的学生，他的《概率论》受到了怀特海著作的强烈影响。蒯因也曾师从怀特海，尽管他本人对怀特海影响的评价不够明确，但蒯因关于意义的整体主义方法似乎不可能未受到怀特海的影响，因为后者已经具有对于意义的高度发达的整体主义解释，后者的宇宙论和一般形而上学在本质上也是整体主义的。

怀特海在《过程与实在》中提出的上帝观念，在神学中一直极有影响，并且促成了一种被恰当地称为"过程神学"的思想倾向。事实上，这种"新"神学的一个主要倡导者查尔斯·哈尔茨霍恩，把怀特海描述为"本世纪最伟大的思辨思想家"④。可以预料，怀特海在这一领域的影响和意义依然十分巨大。

然而，对怀特海思想在很多方面的复兴中，最有前途的最近复兴是在新兴的环境伦理学领域。由于怀特海整体主义价值形而上学有助于一种生态观点，因此很多人把他的著作视为传统机械论世界观的颇具前景的替代物，为一个由相互依赖的关系网络构成的世界提供了一幅详细的形而上学图画。当然，要使怀特海具有生态精神的形而上学开始作为人们熟悉的传统观点的替代物而占有一席之地，还有很多工作要做。

任何一篇序言都不能指望涵盖一部著作的所有方面，这篇序言也不例外。熟悉怀特海的读者会发现，在本书中，他的哲学的某些方面得到了强调，而另外的方面则有所忽略。例如，尽管主要的精力被用来刻画"现实事态"的基本特征和功能，但对上帝在怀特海著作中的地位却着墨甚少。这不是因为我认为上帝观念对怀特海哲学不重要，而是因为我想突出怀特海思想中在我看来同样重要，但有时受到忽视的方面（如其审美特征）。如果本书因此而蒙受损失，那么，我猜想我不得不蒙受这种损失。

在广泛的意义上，我把怀特海哲学描述为一种建构形而上学。我所说的"建构"指的是，与康德作为核心哲学原理的综合性自我组织活动观念类似的东西。然而，康德从认识论上把这一建构原理规定为认知经验的一个基本特征（我们如何规整世界），而怀特海则从本体论上把它规定为我们所经验世界的一个基本特征（世界如何规整自身）。如果我们把形而上学视为对支配实存本身的结构或原理的系统阐释，那么，怀特海的思辨形而上学，则把实在或实存本身规定为一个创造性自我建构的框架。

一些读者可能发现，我对"建构"一词的形而上学或本体论使用上有些混乱，因为他们可能更熟悉其在文化或社会中的使用。因此，我必须提请那些读者记住，"建构"一词在此是在更强的形而上学意义上加以使用的——作为整个世界的一个客观条件。有时被称为社会或文化建构的东西，在此仅被理解为这种更广泛形而上学原理的一个特例。

读者还应注意，我倾向于不依赖怀特海本人常常使用的若干特殊语言和词语。我这样做的原因是，我希望以一种持怀疑态度的读者可以理解的方式介绍怀特海哲学。只要可能，我就试图避免使用具有高度专深意义的词语，而选用我自己设计的更日常化的语言。我的目的不仅仅是对怀特海的著作作出一番总结，而是使他的哲学更容易理解、更少些"奇怪"。

最后，我还要说明的是，出于教学上的考虑，我几乎没有参阅任何二手材料，而只集中于怀特海自己的言论。因此，尽管其他怀特海的解读者可能对若干关键问题的解释有所不同，但本书并未给出那些不同的出处。这些争论性问题最好留给一部更大部头的著作来处理。

注释：

① B. 罗素：《罗素自传：1872—1914 年》，第 128 页。

② B. 罗素：《亲爱的罗素……》，第 160 页。

③ 关于怀特海的数学与他的形而上学之间关系的更详细讨论，见詹姆士·布拉德雷在"行为、事件与系列：形而上学、数学与怀特海"中对这一主题所作的富有启发意义的处理，此文载于《哲学杂志特刊》第 10 卷，1996 年第 4 期，第 233—248 页。

④ C.哈尔茨霍恩:《黑暗与光明》，第 22 页。

篇名缩写

AI   *Adventures of Ideas*（《观念的冒险》）

AM   "Analysis of Meaning" in *Essays in Science and Philosophy*（"意义分析"，载《科学与哲学文集》）

CN   *The Concept of Nature*（《自然的概念》）

FR   *The Function of Reason*（《理性的功能》）

MG   "Mathematics and the Good" in *Essays in Science and Philosophy*（"数学与善"，载《科学与哲学文集》）

MT   *Modes of Thought*（《思想方式》）

PR   *Process and Reality*（《过程与实在》）

PRE   "Process and Reality" in *Essays in Science and Philosophy*（"过程与实在"，载《科学与哲学文集》）

SMW   *Science and the Modern World*（《科学与近代世界》）

目录 | Contents

1

On Whitehead —————— 思辨哲学：方法和
目的

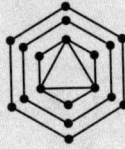

形而上学、美学和价值

　　"哲学思想必须从某种有限的经验部分开始，即从认识论、自然科学、神学或数学开始。此外，研究工作也始终保留其起点的痕迹。每一个起点都有它的长处，对它的选择必须依赖于个别哲学家。

　　"我自己的信念是，在现阶段，因最受忽略而最富成果的起点是那个我们称之为"美学"的价值理论部分。我们对于人类艺术或自然美的价值的欣赏，我们对于强加于我们之上的明显的粗俗和毁损的厌恶，所有这些经验模式都被充分地抽象，从而成为相对明显的东西。而它们显然揭示了事物的真正意义。"（AM，p.129）

怀特海的后期哲学是一种全新的努力，旨在发展出一种植根于审美价值经验的形而上学和宇宙论体系。在怀特海的形而上学和宇宙论体系中，实在是根据关系得以规定的。栖息于这个关系世界之中的"事物"是由它们的各种关系构成的——一切存在物都是关系性存在物。此外，"事物"由它们的关系构成，而一切关系又进而被规定为价值关系，即具有某种肯定和否定性质的关系。这种价值关系从具有自我意识的存在物的审美反应到物理实体所特有的基本的吸引与排斥关系无所不包。因此，在这个价值关系的世界中，一切"事物"都不仅仅根据它们的关系得以规定，而且根据对感觉价值的关系性反应，即作为对某个"所与"事态所作的肯定或否定反应得以规定。通过根据一种由肯定和否定反应构成的关系框架对实在作出规定，怀特海为我们提供了一种我们用以观察自身和世界的彻底而又新颖的观点。由此产生的这种新"世界观"，消除了事实与价值之间的严格区分，从而支持了一个充满价值的世界。因为在这个世界中，价值与事实并无分别，而恰恰是"事实"的一部分——即"事物"自身结构的一部分。

　　在其形而上学中，怀特海旨在勾勒出最一般意义上"实存"或"存在"可能性的必要条件，即任何可能世界中实存的必要条件。重要的是，尽管怀特海的形而上学可能"致力"于勾勒实存可能性的必要条件，但这样一个目标只是一个理想，而不是一个已实现的或可以实现的目的。怀特海自己公开宣称这种理想是有限的，并且承认他自己的努力无疑也达不到自己的目标。但这个目标又构成了有待寻求的目的以及这种寻求的尺度，尽管这一尺度可能永远也不能作为完成的事实得到充分实现。因此，理解怀特海著作的一把绝对钥匙，就是其形而上学体系的可错性和可修正性。怀特海发展一种形而上学体系的努力，不应被视为关于事物本质的一种最终陈述，而是一个更大的正在进行中的历史方案的一部分。

在怀特海看来，形而上学的主要功能之一就是提供一个一般框架，这个框架在广度上足以解释最一般意义上的经验和事物本质。指望这一体系解释一切可能的经验，的确是一个傲慢的理想，缺乏一种健康的有限感和谦卑感。因此，尽管从现象上看这样一种体系似乎应当是必然的（即自明的），但如果该体系需要作出修正，以便容纳新因素或先前未能觉察的因素，人们也不应感到奇怪。不过，正是试图勾勒实存本身必要条件的努力，使怀特海的形而上学区别于他的宇宙论。因为由怀特海提出的宇宙论所处理的不是实存本身的必要条件，而是偶发"事物"的条件。因此，形而上学关注于实存本身的必要条件，而宇宙论则关注于偶发"事物"的偶然条件。

如前所述，在发展其形而上学体系的过程中，怀特海把感觉价值的审美经验作为首要的经验事实。一切关系和性质等，都被规定为所与价值和感觉价值的原始审美关系的事例或抽象。事实上，怀特海的整个形而上学和宇宙论体系，最好被解读作关于整个世界价值论原理（即那些源于一般价值论的东西）的延伸或概括。关于他的哲学的任何东西——从他的方法论到他对语言一般的而有时是深奥的使用——都带有这种审美的、价值的取向。

对怀特海来说，事物具有价值，而且此事物与其他事物处于一种审美的价值关系之中，这是实存本身根本的客观条件。实存的形而上学条件是审美或价值关系的一个一般框架，即受某种"所与物"或"他物"影响的感觉关系。因此，对于怀特海来说，（与可能的存在物相对的）现实存在物是审美的、关系性存在物——由它们的关系价值所规定的存在物。由于这一形而上学体系的关系本质，实际上，人们可以说：在怀特海看来，"存在"就是成为所与价值的根源，成为感觉价值的中心。至于其中的详情，我们将在后面加以概述，但就眼下而言，注意到怀特海形而上学起点的关系性和价值性就足够了。在怀特海看来，价值和评价贯穿事物的始终，而所谓近代科学的机械论世界观不过是那基本评价事实的有限抽象，尽管这种抽象从实用角度来看是有用的。因此，怀特海哲学是自笛卡尔和牛顿以来，在哲学和科学中居支配地位的机械论宇宙观的一个新颖且更为精致的替代品。他认为，尽管这个思想学派从实用和科学上看一直是有用的，但其处理核心经验要素（如因果效验、自由意志和价值等）的方式则是不恰当的。怀特海把审美理论或价值论作为他的出发点，因为他把其视为我们可以不严格地称作"具体抽象"的一个明显例证。所谓具体抽象是指，在高度形而上学抽象中保持或保存具体事实要素的可能性。

就最一般意义上的审美经验（即受某种"所与物"或"他物"影响的感觉）而言，怀特海至少标识出它的三个特别重要的特征。首先，审美经验关涉一个作为经验场所的统一的主体或定向中心。经验总是"我的"经验，即一种特定的个人观点的体现；其次，在作为经验中心的主体和作为经验来源的客体或"他物"之间存在一种关系。特别是存在着受一个客体或"他物"影响的关系，后者在某种相对意义上独立于透视性主体。由于这种关系之故，审美对象的经验便是我的经验；最后，在作为经验中心的主体和被主体的当下关系所排除的一般关系领域间存在着一种关系，即与从焦点经验领域排除出去的要素的关系。（AM，p.130）这种排除关系是该现实的、确定的价值经验——"这种"而不是"那种"经验——的一部分。怀特海就是从审美经验的这三重结构中发展出他的思辨体系的。

把怀特海著作的很多方面与康德的作品进行一番比较，可以从中更清楚地理解他自己思想的方向和特征。在很多方面可以公平地说，康德通过《判断力批判》和对审美经验的分析完成了他的批判性工作，而怀特海恰恰从此开始。康德是从关系角度规定审美经验的。审美判断是由主体与一个经验对象（感性的"他物"）的关系引发的和谐或不和谐、一致或不一致的感觉。然而，在康德看来，作为经验价值首要源泉的，既不是经验对象，也不是主体和客体的关系，而是认知主体本身。对康德来说，审美经验的真正源泉是主体能力间的一种关系，即作为一般判断可能性条件的一种先天框架。例如，在一个与美相关的审美判断中，经验的根据不在客体之中，也不在主体和客体本身的关系之中，而在于主体认知能力（即想象和知性）之间的和谐关系。尽管在发动经验过程中审美客体或"他物"是必不可少的，但经验本身的现实源泉或根据则是构成主体经验本身的想象和知性先天"机制"之间的关系。因此，主体自身的认知机制是感觉价值（或无价）的首要源泉或根据。

与康德相反，怀特海对审美经验的研究在很多方面更接近常识。康德把审美经验的源泉放在了主体性条件之中，而怀特海则将其放在了支配自然的、客观的事物序列的客观条件之中。对怀特海来说，（作为经验中心的）主体和（作为其源泉的）客体或"他物"之间的关系，是一种实在的而非理想的关系，一种主体与一个作为感觉价值客观源泉的"他物"的关系。康德的分析是从主体性进展到一个明显的或"建构起来的"经验，怀特海则把这一分析翻转了过来：

> "并且说明了从客体性进展到主体性的过程。凭借客体性，外部世界成为质料；凭借主体性，有了一种个体经验。因此，根据有机体哲学，在每一个经验行为中都有知识的对象。但是，除非把那种经验行为的理智运作包括在内，否则就不会有知识。"（PR，p.156）

因此，与康德的唯心论或主观主义相对，怀特海审美经验观念的特征则是实在论或客观主义的。

在怀特海看来，一切现实的或实在的关系都是审美关系，即主体与感觉价值的关系。最基本和最普遍的审美关系是原因和结果的关系，即被某个"所与物"或"他物"影响的关系或"感觉"。根据怀特海的看法，原因与结果的关系就是主体与某种感觉价值的关系，这里"感觉"的意思是：作为原因的某物在结果中被"给予"和"接纳"，从而成为对它的回应的一部分。因此，说一个事物受另一事物的影响，也就是说它与作为感觉价值根源的他物处于一种审美关系或感觉关系之中（例如，台球的运动，就是弹子棒的"所与力"或因果力的一个结果。或者说，就是对这种力的"回应"）。因此，一个结果就是对某种"所与"价值——原因——的一种正面或负面回应。在怀特海的体系中，一切实在的或现实的关系都用这些审美的或价值的关系加以规定。怀特海关系理论的这种"感觉"或"所与"性质，旨在把握事实和经验整体的"顽固"性或"残忍"性——一种一般意义上的外部决定和客观限制。

当然，怀特海对于原因和结果的审美描述是对休谟的直接挑战。休谟宣称，因果关系只不过是事件间恒常的和接近的关系，我们自己通过某种获得性思想习惯把这些事件的相似性联结起来。而在怀特海看来，休谟的主张是"误置的具体性"的一个明显例证，也就是说，它错把我们的理论抽象当作具体的现实。怀特海宣称，休谟对于原因和结果多少有些反直观的分析源于下述错误，即把"表象直接性"的世界——生动、清晰的感知世界——作为对实存或世界整体的规定。

在怀特海看来，休谟的因果分析所由之出的具有"表象直接性"的感觉世界（即几何的、数量的或空间知觉的世界），实际上是一个高度专门化的复杂知觉模式，它源自一个更源始的被称为"因果效验"的知觉模式。正如在我们的讨论中很快就会看到的那样，正是从被称为"因果效验"的知觉模式中产生了受某个他物影响的"向量"感，即处于与感觉价值或所与价值关系中的"向量"感。然而，由于呈现于"因果效验"关系中的材料内在而模糊，而呈现于"表象直接性"中的材料生动而清晰，休谟（和他前后的很多人一样）错误地颠倒了二者的位置，把"表象直接性"视为源始的东西。但在怀特海看来，对于经验和我们与作为整体的世界的关系具有决定性意义的，正是模糊的、充满价值的且更为内在的"因果效验"——与所与价值或感觉价值的关系，而不是生动、清晰的"表象直接性"的世界。只有牢记这种区分，我们才能理解怀特海前面对康德所作的批判。在怀特海看来，在从事他们自己的哲学分析时，休谟和康德都是从同样素朴和肤浅的"表象直接性"的起点出发的。这是一个由价值的不在场——一个由无价值的事实构成的世界——居支配地位的高度复杂而又十分抽象的观点。由于错误地从在本体论上有缺陷的、高度抽象的"表象直接性"观点出发，休谟、康德等人因而忽略了世界的一个特征，也许是最重要的一个特征：关系性的价值嵌入。

在很多方面，怀特海对于审美经验结构的客观主义描述，旨在既把价值作为世界中的一个要素包括在内，同时又避免笛卡尔以来近代哲学所特有的极端主观主义。然而，尽管怀特海的方法是客观主义的，把感觉价值的根源或根据放在一个定向主体和某个客体或感觉事物之间实在的客观关系之中，但他又精心地把"主观的"建构活动置于"事物"的一般系统之内。怀特海把审美关系定义为综合和建构活动的创造性中心之间的客观的或实在的关系，即"审美角度""定向中心"和"观点"之间的诸关系。对怀特海来说，这些定向中心或"现实事态"构成了实存本身可能性的条件。通过根据在"现实事态"（作为自我组织的、审美的定向中心）之间获得的各种关系对实存进行规定，怀特海为我们提供了一个充满客观价值的世界观，一个经得住更加常识化的因果效验理解检验的世界。这是一个因果决定与自我决定原理并存的世界，它容纳各种形式的决定论和自由的可能性。

想象的创造与广泛的概括

怀特海把他的工作描述为在"思辨哲学"之中的一种努力。和在传统形而上学中一样，"思辨哲学"的目的或目标是发展一种综合性系统框架,用以勾勒实存整体所特有的结构或原理。然而,与始于作为"终极上诉法院"的莱布尼茨充足理由律的传统形而上学不同,怀特海的"思辨哲学"始于和终于"具体的事实"——理性自身最终必须服从的那些经验实在的顽固持续性。正是在对理性主义理想和经验事实的这种双重诉诸中,怀特海的"思辨形而上学"最为彻底地脱离了传统形而上学的观念、方法与目标。

由于最终的诉诸必须始终是具体事实,因此,"思辨形而上学"将诉诸后天和先天的各种原理。它代表了一种综合的而不是分析的努力,旨在在一个新颖融会的综合性观念体系中把各种经验要素加以结合,从而推进知识。作为一个综合性学科,"思辨形而上学"还在下述方面与传统形而上学有所不同:它运用更富有想象力的和"实验性的"方法,使自身呈现为一个可错的和可修正的观念体系。在这样做的过程中,"思辨形而上学"还包含了对传统本体论方法的彻底修正,把实存重新规定为一个自我构成或自我决定的框架,而不是一个预构的或预定的结构。与传统观念中秩序是预先给予的和永恒不变的不同,在"思辨形而上学"中,秩序和结构本身都是在进化中得以规定的——特殊形式的秩序是一个创造性自我展开的进化过程的一部分,而这个过程从本质上说是无限的和未完成的。

不严格地说,"思辨哲学"就是对于受具体的事实和逻辑的严密性这双重要求所限制的广泛概括所进行的想象建构。广泛概括的目标是建构一个综合性体系或框架，它包括一切经验要素，无论是模糊的还是清晰的，同时又不局限于那些经验要素的特殊例证。换句话说，思辨体系应当包括一切经验要素，无论是现实的，还是可能的。因此，通过展示这种广泛的概括，思辨体系能够达到一种适应性或灵活性，从而对尚未进入视野的新要素保持开放。广泛概括的目标还是哲学用以区别其他更专门化学科（如经验科学）的主要手段，因为它的目标是自明的理想，而不是证据。

在怀特海看来，建构这些广泛的概括是一种富有想象性的努力，超出了通常的语言和思想范围，冒险进入了向常规话语的界限提出挑战的思考范围。尽管"思辨哲学"的语言旨在表达的清晰性，在其更具想象力的模式中它还将倾向于具有高度的隐喻性，"无言地诉诸一种想象的跳跃"（PR，p.4）。对于"想象跳跃"的要求是思辨方法的一部分。对于更具隐喻性表达方式的运用，只是对下述一般事实的延伸：一切语言用法都需要"一种想象的跳跃，以便在与直接经验的关联中理解它的意义"（PR，p.13）。与直接观察的语言相连的确定性和清晰性事实上是下述过程的一个结果：从一种曾经具有高度隐喻性的语言逐渐转化为已经变得更为常规化的和熟悉的语言。

由于语言是哲学研究的首要工具，哲学语言必须不断地加以提炼和重新设计，"正如在物理科学中先行存在的装置需要重新加以设计一样"（PR，p.11）。因此，哲学的进步将包括在表达和定义清晰性方面的进展，而这种进展又与"对于显而易见之物的超越"相连。于是，思辨哲学被规定为一种"实验性冒险"，一种"观念的冒险"。（PR，p.9）

由于想象作用在"思辨哲学"中所具有的重要性，更为传统的哲学演绎法将在思辨体系的发展过程中占据较小的位置。总的来说，演绎的首要作用将在于对一个人前提的外延和适用性进行检查（PR，p.5）。尽管演绎法在一个体系发展的若干阶段可能有所运用，但总的来说，"思辨哲学"的方法倾向于更具归纳性，当然它不是在简单枚举的狭义上，而是在更广泛的意义上，包含了在广泛概括的生产过程中对特殊"观察"的放大。广泛使用的类推、隐喻、从结果到原因的推论等方法，以及较少运用的归纳和演绎法都属于思辨方法之列。思辨方法将诉诸一切合情合理的"证据"（在此，什么是"合情合理的"本身就是历史上或内在地存在的）。此外，尽管人们会尽一切努力为关键词语提供精确意义，但对这些语词的清晰表达，一般说来将依赖于它们与在更日常的常识层次上被使用的语词处于某种类似或其他这样的关系之中。

虽然在这种实验性冒险中所使用的方法具有一种高度想象的成分，但思辨建构的过程并不缺乏应有的限制。事实上，具有关键意义的是，一个人的想象建构应与逻辑规则和"顽固的事实"保持一致。换句话说，尽管"思辨哲学"包含了高度创造性和想象的方面，但这一建构维度同样应当在理性主义和经验主义的限制间保持一种平衡。因此，哲学本身可以被规定为控制想象以寻求知识的渐次过程。①在理性主义这一边，这意味着一个思辨体系必须是"融贯的"和"合乎逻辑的"。而在经验主义那一边，该体系必须是"可应用的"和"恰当的"。

在怀特海看来，"融贯性"标准代表了这样一种要求：一个人的体系必须展现基本的相关性。所谓体系的基本相关性意指"整个体系借以展开的诸基本观念互为前提，以至于孤立地看来它们都是无意义的"。从一个人的思辨体系中发展出来的观念的基本相关性，"并不意味着它们可以相互规定，而是说在一个这样的概念中难以界定的东西，不可能从它与其他概念的关联中抽象出来"（PR，p.3）。相关性表现为一个体系的各不同要素间的一种构成性依赖，而这种依赖本身的确切本质仍向进一步的质疑开放。与倾向于强调有限部分与一个无限或完成的整体的关系之传统融贯说不同，怀特海的解释肯定了有限部分与一个不明确的、未完成的整体的关系，即这个整体本身只有通过一系列可调整的关系才能得以规定。作为一个可调整的过程，关系性依赖必然会表现出部分的不可规定性。因此，为了满足融贯性要求，一个人的思辨体系的关系性依赖，无论其特殊细节如何，都应当表现出它自己的未完成性。

为了满足逻辑的要求，一个人的思辨体系应当包括"'逻辑的'一致性或无矛盾性、用逻辑关系规定概念、用特殊例证说明一般逻辑概念，以及推理的原理"。而且，所运用的全部

逻辑概念必须从思辨概念的一般体系中获得。（PR，p.3）

至于可应用性和恰当性，"'可应用的'意味着某些经验可以这样得到解释，而'恰当的'则意味着没有经验不能作出这种解释"（PR，p.3）。一个人的体系应当足以对"与直接事实进行交流之物"提供一种"恰当的"说明，即一种忠实于在一般经验复合体中普遍在场之物的说明。因此，一个人的体系应当展现出某种经验的"必然性"，即它应当在自身中具有"自己遍及一切经验的普遍性的根据"。换句话说，思辨体系在其应用上应当是普遍的（在一个人的历史处境所允许的范围内），而且这种普遍性在可应用性这一一般要求中应当是明显的。

从可应用性和恰当性的一般要求中可以看出，"哲学不能排斥任何东西。因此，它决不应从系统化开始。它的初始阶段可以称为汇聚"（MT，p.2）。其他更为专门化的理解或说明模式，可能把某些经验要素作为不相干之物加以排除。与此不同，在"思辨哲学"中没有不相干之物。一般经验复合体中的"全部"要素，都必须在该体系中得到恰当表达。（PR，p.42）"思辨哲学"是"这样一种努力：构造一个融贯的、逻辑的和必然的一般观念体系，用来解释我们经验的每一个要素"。"任何东西都不能被省略"（AI，p.226）。

在一般汇聚过程中任何东西都不应被省略，对这一规定不能幼稚地加以理解。怀特海充分意识到，我们的"观察"或描述本身是由一个充满兴趣的解释框架加以指导或引导的。不存在任何兴趣上中立、理论上中立或形而上学上中立的观点。在某种意义上，一切观察和描述都是"选择性的"，强调或突出对观察者具有特殊"意义"的经验要素。然而，尽管我们的观察是"选择性的"，但它们并不必然地局限于可能碰巧被接受的兴趣或假定。因为在怀特海看来，碰巧指导着我们观察的特殊解释框架或"概念体系"，绝不是任何绝对最终或必然意义上的先天之物。如果说它是先天的，那么，它也只是偶然如此。

指导我们有限观察的特殊框架或"背景假定"，在很大程度上是从我们先前的环境（如理论的、语言的、社会的、生物学的，等等）中继承下来的。解释系统是偶然发展起来的建构，旨在突出或关注经验的某些特征，把它们从经验意识的背景移至前景。与康德相反，在怀特海看来，一个特殊的解释框架并不在经验物和物自身之间制造分裂或鸿沟。毋宁说，在一个特定解释框架内突出出来的经验，只是源于经验整体的模糊"半影"的一种"抽象"。

在怀特海看来，至少（由"表象的直接性"这种知觉模式支配的）我们特殊解释态度的一部分特征是由从我们过去的理论继承下来的形而上学假定构成的。这些"形而上学假定"构成了一种选择性的解释框架，从而突出了这些假定所针对的那些选择出来的经验要素。"思辨哲学"的部分价值就在于重新调整我们概念框架的"标定"，从而开启新的观看方式，并突出我们继承的假定可能作为"背景噪音"加以忽略的那些经验要素。因此，如果我们认为科学是我们这个时代主流思想的一部分，那么，作为科学基础的形而上学假定便会影响"我们的思想，以至于先前特殊的思想方式现在广泛散布于整个知识界"。通过对继承下来的形而上学或宇宙论框架作出新的变更，"思辨哲学"有助于改变"我们精神活动的形而上学预设和想象内容，于是现在旧的刺激会引发新的反应"。这些思辨性努力有助于在我们的解释态度中带来"调子"上的轻微变化，而实际上这一变化"关系重大"（SMW, p.2）。正因为这个原因，"思辨哲学"必须同时具有建构方面和批判方面。对于被继承观点的批判，必须与对其他体系或"观看方式"的建构保持一种平衡，后者可能更好地容纳被继承的观点所排除的那些经验要素。

　　我们经验的每一个要素都应当由一个人的思辨体系加以解释，这意味着"我们所意识到的一切，即我们所享有、知觉、意识或思想的一切，都将具有一般体系的某个特例的性质"（PR, p.3）。这就是说，在汇聚的过程中，人们必须利用"语言、社会制度和行动，以及包括此三者的融合，即解释行动和社会制度的语言"（而且，可能还有解释语言的语言。AI, p.226）。人们必须特别注意下述"材料"，它们体现于：

> "法律中，道德和社会学习惯中，有助于人类满足的文学和艺术中，关于社会制度兴衰的历史判断中，以及科学中。也散布于语词和语言表达式的意义中。"（MT, p.70f）

尽管"思辨哲学"旨在为（表现于一般经验复合体中的）宇宙的"本质"提供一种逻辑的、融贯的和综合性解说，但洞察力、语言、观察和想象力的缺乏以及经验整体的可调整性，必然会限制我们提出建构必须由之而出的形而上学第一原理的能力。结果，被选定的理想构成了一个"极限概念"，它始终是纯粹"渐进的"——不断接近，但永远不能达到。一般的希望是人们将会获得某种"纲要式的观点"（PR，p.5）。

　　因此，和它的方法一致，一个思辨体系应当是系统化的，但又向未来的修正或修改开放。体系必须既是可错的，又是可更改的，它的必然性只和特定的历史处境相连：

〇　　　"我们必须系统化，但我们又应当使我们的体系保持开放。换句话说，我们应当对它们的局限性保持敏感。总有一个模糊的彼岸在等待着对其细节加以洞察。"（MT，p.6）

当然，这意味着哲学决不能把它的内容或方法局限于由更专门化的思想方式如物理科学所规定的内容和方法之内，因为这些更专门化的思想方式本身也是一个高度抽象过程的结果。凭借这一抽象过程，经验复合体中的若干特征得以强调或强化，而其他特征则受到忽略。哲学的工作就是弄懂全部经验所在地的意义，无论那一领域中的某些特征多么不时髦。因此，在把构成一般经验复合体的诸分立要素结合起来的努力中，哲学还必须包括"对支配特殊思想方式的抽象批判"（MT，p.48f）。在怀特海看来：

> "抽象包含在任何现实的产生过程中，当然还有有限与无限的融合。当意识进而进入第二个抽象序列，凭借它，现实事物的有限要素被从那个事物中抽象出来。这一程序对有限思想是必要的，尽管它弱化了现实感。它是科学的基础。哲学的任务是把这一过程翻转过来，从而展示分析与现实的融合。所以，哲学不是一门科学。"（MG，p.112f）

由于它包含了对于构成更专门化思想方式特征的抽象批判，哲学不可能满足支配那些更专门化研究方式的同样要求：

> "结果，哲学在这个词任何真正的意义上都是不可证明的，因为证明建立在抽象之上。哲学或者是自明的，或者它就不是哲学。任何哲学话语的努力都应当是产生自明性……哲学的目的是纯粹的去蔽。"（MT，p.49）

对于怀特海来说，哲学的意义和成就决不能以绝对的或完全的方式加以衡量。相反，作为一个通则，"对于一个理性主义体系的证实应当在其一般成就中，而不是在第一原理的独特确定性或原始清晰性中去寻求"（PR，p.8）。成就是根据体系在各种不同的"生存""享用"和"渗透"（或前进）标准中的功能加以衡量的。一般说来，哲学的首要尺度是实践的历史性展开，即一个思辨体系在多大程度上有助于生活，有助于生活得好，有助于生活得更好。（FR，p.8）要使一个人想象的概括有助于思想的进展，这些概括必须有助于唤醒更大序列的观察和理论可能性。换句话说，一个人的想象体系应当"在它由之而出的有限场所之外"找到某种应用。这意味着在某种程度上思辨哲学应当"区别对待"，即它的假应当具有某些中立的或倒退的含意；它的真则应当为将来的进展提供条件。此外，由于用以判定一个思辨体系的想象的、理性主义的和经验主义的标准本身，必须是该体系的内部要素（作为自立的框架），因此，对于该体系整体恰当性的判定将始终包含某种"实用主义的"诉诸：

"哲学家们常常容易重犯的恶习是：虽然仅只是人，他们却试图从神的观点俯瞰宇宙。他们自称，在基本观念方面具有恰当的明晰性。我们永远不能使我们的明晰性尺度摆脱不确定的事态中实用主义的充足性。明晰性总是意味着'足够清楚'。"（AM，p.123）

这并不是说哲学依赖于某种像"有用性"这样的专门概念，而是说：

○ "实用主义必须在最广泛的意义上加以理解……因此，实用主义最终诉诸文明的广泛自明性，诉诸我们用'文明'所意指之物的自明性。"（MT, p.106）

怀特海所规定的"思辨哲学"的实用主义方面直接源于思辨体系的纯粹内在本质，因为不可能诉诸一种上帝的眼光，即不可能诉诸超越该体系，从而作为其可证实的根据或条件的客观要素、原理或条件。正因为如此，"思辨哲学"永远不能够得到证实，只能达到不同程度的自明性。

正是为了对付这些困难，怀特海宣称"创造性"原理是支配其思辨体系的究极范畴。通过诉诸这个在西方具有很长历史的观念或概念（作为一个据说是"自我产生""自我源起"或"自我引起"的原理或条件），怀特海为我们提出了这样一个体系：它把其特征或实存条件完全包含在自身之内。他的体系是一种彻底内在的形而上学。此外，通过宣称"创造性"是其思辨体系的决定性范畴，怀特海也能够把进一步的合法性给予他的下述方法论要求：我们通过"想象的跳跃"和"实验的冒险"来"超越直接性"。因为在这个"创造性"框架内，我们自己的活动据说要体现或构成决定实存本身的同样自我产生和自我构成条件的一个特例。现在，我们就转向一般"创造性"范畴和怀特海的一般形而上学。

注释：

① 我要感谢刘易斯·福特（Lewis Ford）就该主题和其他问题所进行的讨论。

2

On Whitehead ———— 思辨形而上学

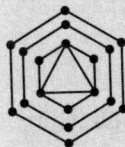

价值形而上学

怀特海的先验客观主义

和在他之前的康德一样，怀特海也为数学的抽象和世界的具体运作方式之间明显的和谐一致所吸引。事实上，这种知觉到的和谐给他的印象如此之深，以致于在《过程与实在》开头几节怀特海就宣称哲学的首要事业"是说明更抽象的事物产生于更具体的事物……真正的哲学问题是，具体事实如何能够展示从自身中抽取出来，而又为自己的本质所分享的实体"（PR，p.20）。正是为了回答由我们的高度抽象（如数学）和具体的特殊事物之间的相关性而提出的

问题，怀特海提出了他的"范畴图式"。"范畴图式"构成了他整个体系的一个纲要或概要，一个自明的骨干或框架，"体现了必然在我们的反思经验中预先假定的一般概念"，并把那些概念结合在一个融贯的、一致的、恰当的和可应用的"思辨形而上学"体系之中。（PR，p.18）因此，该图式为我们的抽象事物起源，并应用于具体事物提供了可能性条件。

康德自己的"哥白尼式革命"，也是由对心灵与世界间这种"预定和谐"的惊异所推动的。和他一样，怀特海的"范畴图式"最好被理解为一种"先验"分析的一部分，即一种哲学上的"相反工程"，旨在勾勒出为经验可能性所必需的最小条件。①和康德一样，怀特海的图式可以因此被读作心灵与世界间高度相关性的可能性条件的一个纲要。

在怀特海看来，哲学的工作或任务不是解决和说明"具体事实"（即直接地和简单地被发现的事物）的实存问题，因为具体事实仅仅是其所是，无须说明。相反，哲学的任务是勾勒出需要被赋予具体事实的最小条件，以便恰当地解释"主观"经验的"客观"性质。换句话说，哲学的任务是勾勒出最一般意义上经验的可能性条件。怀特海在康德的"建构"观念中找到了这一条件。

康德把经验秩序的源泉或中心放在认知的自我意识主体的建构活动中。与他不同，怀特海把经验秩序的源泉或中心放在构成经验整体的多元的事物或"实体"领域中。怀特海采纳了康德的建构原理，并将之运用于一般客体，把客体规定为"自我组织"或"自我建构"的系统，以及作为我们经验的决定性力量影响着我们的效验要素。因此，对怀特海来说，经验客体的统一性条件不像康德所认为的那样存在于认知主体的自我建构活动或能力中。相反，一个客体统一性的条件存在于客体自身的自我构成、自我组织活动中，这样的客体被定义为自我实现或自我构成性"事态"或"实体"。康德的先验分析在取向上是"认识论的"，把经验客体的统一性放在认知主体的建构活动之中，而怀特海的取向则是"本体论的"，使经验秩序的源泉或中心超出了自我意识的或认知的主体，达于事物本身关系性的多元领域。

通过把客体统一性的源泉或中心扩展到事物本身非认知的多元领域，怀特海能够避免康德的"先验唯心论"，把康德主观主义、唯心主义的建构论转换为可以称为"先验客观主义"哲学的东西，结果是一种"客观建构"的实在论形而上学，一个把经验客体统一性条件放在世界整体客观条件之中的框架。因此，在怀特海的世界中，建构的力量可以说是一路追溯下去的。认知经验只不过是事物自身自我构成、自我组织性质的一个高度发达的复杂特例。

尽管怀特海的"图式"在取向上是本体论的，但它不应被视为对莱布尼茨下述问题的回答：为什么某物存在而无不存在。毋宁说，怀特海的分析所关注的是对事物一般的本体论结构或性质给予解说，因为它用"创造性"或建构主义术语规定实存或现实本身。如前所述，这一任务是通过下述方法完成的：把康德的建构原理客观地扩展为普遍的"创造性"原理，这个先验原理使建构本身成为实存本身的一个客观特征。

简单定位

在怀特海看来，西方形而上学的一个主要问题是，一直未能把时间作为一个基本要素包括在事物的实存之中。在解释事物连续性和持续性的努力中，一般倾向一直是把某种连续的、先定的和永恒的"材料"（如物质、原子和实体）设置为实存本身的形而上学根据或条件。对于作为形而上学实存特征一部分的某种非时间性"根据"的诉诸，产生了怀特海所说的"简单定位"问题，即这样一种观念：空间和时间的关系是偶然的，而不是现实事物的基本特征。（SMW，p.49）除此之外，还有下面这种相关倾向：根据某种不可归约、不可分析的"究极存在"（如笛卡尔的"实体"、休谟的"印象"、康德的"综合"、罗素的"简单物"和维特根斯坦的"规则"等）对实存作出规定。这些不可分析的"究极存在"，典型地构成了形而上学概念或规范的界限，宣称一切进一步的分析都超出了合理性的范围。怀特海的思辨形而上学代表了对这些规范的反形而上学主张的一种直接挑战。在怀特海看来，把形而上学分析局限于某种不可分析的究极存在的倾向，或者促成了形而上学的停滞不前（即不能使我们的经验范围超出继承下来的观看方式的局限性），或者产生了缺乏相应形而上学"建构"努力的彻底批判（以及从形而上学替代物到被批判的或"被解构"的观点的进展）。同样，"简单定位"问题倾向于产生这样一种思想形式，即固守于对于事物的主—谓、实体—属性方法。他相信，这种观点从实用主义角度看是有用的，但从形而上学角度看则是不恰当的。

正是作为对这些困难的回应，怀特海发展了他自己的形而上学体系。怀特海是从发展一种普遍关系理论开始的，即从关系角度规定实存的现实"材料"。怀特海形而上学的关系性质，是在其"普遍相对性"的一般原理中被捕捉到的。根据这一原理，"宇宙的每一项，包括所有其他现实实体，都是任何一个现实实体的一个组成要素"（PR，p.148）。按照这一原理，实存本身是根据关系性质得以规定的，现存事物由它们与其他现存事物的关系构成。这里不存在任何享有特权的非关系性观点或参照，不存在任何非关系性实体或根据。相反，存在着无限多样的关系中心。一切事物都相对于一切其他事物，因而必须根据其相应的前后联系加以理解。

怀特海"普遍相对性"的形而上学拒斥笛卡尔的实体观念。在他看来，"这种实体的存在除自身之外无须他物"（PR，p.50）。但怀特海的观点绝不止于此，牛顿的"原子"、休谟的"印象"、罗素的"简单物"和维特根斯坦的"规则",以及建立在某种不可分析的究极存在或根据之上的任何其他形而上学,都在他的拒斥之列。他的方法是根据一个可分析的关系性结构规定现实的条件。实在的现实成分就是它们在与其一般环境中其他要素的关系中所呈现出来的样子,这些要素由作为一个关系中心规定着那个"物"的综合活动统一起来。这里特别重要的是"主观"或时态时间的关系性结构——过去、当前和将来的不对称关系。②怀特海根据这种三重时间结构对实在的基本要素(即"现实事态")作出规定。

我们可以从两个不同的观点——"内部的"或"自我建构的"微观观点和"外部的""客观的"宏观观点——来看待"现实事态"。从宏观观点看来,一切"现实事态"都处于一个具有时间性结构的一般关系领域。作为综合的或自我组织的关系中心,"现实事态"在某种程度上是由组成这一客观领域的先行的、共时的和后继的关系构成的。在塑造一个"事态"的个性方面,每一种关系都起着一种独特的、构成性作用;从微观观点看来,每一个"现实事态"也都可以根据一个具有时间性结构的个体自我发展的内部过程进行分析。作为一个由先行、共时和后继关系构成的综合中心,每一个"事态"都将可以根据其自我组织的"生活史"加以规定,每一部生活史本身又可以分为一个内部三重结构——起点、中点和终点。这一三重"生活史"的自我发展阶段,也将和它的宏观决定一道在塑造"事态"的个性方面起一种独特的构成性作用。

因此,任何个别的"事态"都将由以下双重过程构成——外部的或宏观的决定及那些宏观决定的内部微观的自我建构或自我组织。通过根据这些双重建构过程——每一过程都以主观或时态时间的关系性结构为模型——规定实存的现实"材料",怀特海能够把时间作为一个基本因素包括在事物的结构中。与此同时,他还发展出一种"思辨图式",其形而上学"究极"存在也可以根据那些普遍关系加以分析。

创造性:究极范畴

作为"究极范畴",创造性是怀特海首要的和最高的范畴,即所有其他原理和条件必须据之得以理解的究极形而上学范畴或原理。在其最一般的意义上,创造性构成了实存本身的可能性条件。用数学术语来说,创造性是对数学函数概念的形而上学概括——一种关于生成规则和跟随规则的形而上学原理,该原理把其运算的可能性条件完全包含在自身之内。"创造性"构成了怀特海整个形而上学体系的先验根据或起点。

就其一般应用而言,"创造性"原理把现存的有限事物规定为处于一个一般确定和不确定关系领域的自我建构或自我组织的"实体"或"事态"。这些现实被规定为把其个体性或统一性条件完全包含在它们自身之中。通过把有限现实统一性的条件置于有限事物本身之中，怀特海为我们提出了一个纯粹内在的形而上学体系。在这个体系中，有限实存的可理解性条件无须超出它们自身之外而指向某个无限的或超验的"根据"，相反，可以说这一条件就存在于有限事物及其相互关系的一般特征之中。

在对"究极范畴"的讨论中，怀特海勾勒出了与更为专门化的存在范畴相比据说具有究极性的三大概念——"创造性""多"与"一"。"一""代表一个实体的单一性"；"多""传达了'分离的'多样性概念"；"创造性"代表了构成"多"的分离的单一性被结合为一个实际存在的复合统一体的过程或活动（以类比的方式加以理解。PR，p.21）。怀特海把"创造性"规定为词典中动词"create"（创造）意义上的一种"前进"，即"产生、引起和生产"（PR，p.213）。"创造性"是一个综合的或生产性原理，它既是内在的又是多样的，构成了"多"和"一"存在的可能性条件。"创造性"不是一种存在，而是存在或实存本身可能性的先验条件。因此，"创造性"决不可归结为它的特殊情况，因为它还是新颖性的可能性条件——不可归于先前决定的事件。

用一般哲学任务的术语说，怀特海把"创造性"指定为具体事实的首要和决定性条件。具体事实是创造性、价值性的事实。正是通过根据一个一般的"创造性"自我生产或自我建构原理来规定具体事实，怀特海希望恰当地解释"主观"经验的

"客观"性。因此，与笛卡尔和牛顿的机械论世界观（在这种世界观中具体事实是用无生命的机械论术语加以刻画的）形成鲜明的对比，在怀特海的体系中，具体事实被规定为一个由决定性和自我决定性关系构成的创造性的和价值性的动态世界。在这里，自然不再是一个缺乏价值的有发条装置的宇宙，而是一个由决定性和自我决定性（或自我建构性）关系构成的价值领域。就其先验功能而言，"创造性"不是把实存重新规定为一个由本体论上固定不变的条件构成的被动框架，而是重新规定为一个由有限的、在本体论上不断进化的"实体"或"事态"构成的主动领域：

　　　　"'创造性'是亚里士多德的'质料'和近代'中立材料'一词的又一种说法。但它除去了被动感受性概念，无论是'形式'方面的，还是外部关系方面的。它是由现实世界——这个世界决不会两次呈现为同一面貌，虽然始终具有稳定的神圣秩序要素——的客观永恒性所决定的纯粹主动性概念。创造性正如亚里士多德的'质料'一样，没有属于自己的特征。作为现实性基础的是那个究极的最高概括概念。它是不能加以刻画的，因为所有特征都比它自身更加特殊。但创造性总是有条件的，并被描述为有限制的。"（PR，p.31）

在怀特海看来，"'多'进入复合统一体，这是事物的本质所在"（PR，p.21）。无论我们指的是构成我们主观经验的多种要素，还是构成一个事物或条件的多个部分，每一个都可分解为"多"，结合为"一"。我们的经验是由多种不同要素构成的，它们统一为不同的客体（即实体或事件），这些客体又在一个复杂的"主观"领域结合起来。一方面有作为一个"主观"关系中心的我们自己经验的统一体（"关于"……的经验），另一方面有作为我们经验"对象"的实体或事件的统一体（"关于"某种作为"他物"的经验）。哲学的任务就是对这些不同的统一体及其关系作出某种解释。

在此，康德的观点是一个有用的对照物。如前所述，在康德看来，经验对象的统一性是认知的、自我意识主体的自我建构活动的一个特征。尽管客观经验的"材料"可以（作为直观的"质料"）被"给予"主体，但经验对象的统一性则是由认知主体的自我建构活动按照一种预定的先天先验框架提供的。相反，怀特海把经验对象统一性的条件置于对象本身的自我建构活动或效验之中。我们所知觉到的"是"客体或事件之独立的、外部的和实在的统一体。该统一体是主观经验中的效验成分。这些被知觉到的统一体的客观性，不是像我们在康德那里所发现的那样被规定为单纯理想化的现象，而是被规定为这些现实客体的"实在"特征。因此，如果说康德对客体统一性的解释具有唯心主义性质，那么，怀特海的解释则是实在论的或

"客观主义的"：

"这种信念是：我们的感官所知觉到的现实要素本身就是一个共同世界的要素，而且这个世界就是事物的复合，实际上既包括我们的认知行为，又超越这些行为。根据这种观点，经验到的事物应当与我们关于它们的知识区别开来。就隶属关系而言，事物为认知铺平了道路，而不是相反。但重要的是，经验到的现实事物进入一个超越知识的共同世界，尽管它也包括知识……客观主义者认为，经验到的事物与认知主体以同样方式进入共同世界。"（SMW，p.88f）

　　完全把统一性条件包含在自身之内的客体，被怀特海定义为"现实实体"或"现实事态"。由于它们完全把统一性条件包含在自身之内，这些"事态"或"实体"构成了特殊实存样式得以理解的基本要素（从无生命"质料"的最基本粒子到最为复杂的自我意识主体）。现实事态是关系性实体，是先行、共时和后继关系之综合的或自我组织的中心。如我们将看到的那样，每一个事态都从微观和宏观上反映了主观或时态时间的三重关系结构。

　　一个"现实事态"或"现实实体"可以不太严格地被定义

为任何一个"事物"或"事件"，只要它是一种自我联合的现实性，并把其统一性条件完全包含在自身之内。由于它把其统一性条件完全包含在自身之内，"现实事态"（或"实体"）可以说是"究极范畴"的首要或基本例证。每一个事态都是对"创造性"一般原理或范畴的一种特殊的确定性表达。因此，就其最一般意义而言，一个"现实事态"就是这样一种选言观念——"多"创造性地联合或结合为"一"。由于部分的联合在此被规定为一种"创造性联合"或"综合统一体"（即一种自我组织或自我统一性事态或实体），所以一个"现实事态"决不能被归结为它继承下来的各个部分的集合。因为正如后面将会指出的那样，在"多"综合为或创造性地联合为"一"的过程中，个别"事态"的统一性或综合性活动也作为一个要素进入那个"事态"的构成之中，把属于自身的某些东西添加到其继承下来的关系性部分之上。因此，"现实事态"就具有一种整体性，而不仅仅是其各部分之和。

在怀特海看来，作为最高的或"究极的"范畴，"任何实体都不能脱离创造性概念。一个实体至少是这样一种特殊形式：它能够把它自己的特殊性注入创造性之中"（PR，p.213）。作为"创造性"一般原理的首要的或基本的例证，"现实事态"构成了所有其他存在样式必须以某种方式与之相连的首要"要素""事物"或"实在"。"现实事态""是构成世界的最终的现实事物。没有超出现实实体之外去寻求更现实之物的必要"

（PR，p.21）。这就是说，一个实体要想存在，它必须或者可分解为一个"现实事态"，或者与作为其存在条件的某个或某些"现实事态"处于一种依存关系之中。

怀特海把这种对"现实事态"的必然的条件性诉诸称为他的"本体论原理"。根据"本体论原理"，一切实存样式必须：

○ "诉诸一种现实实体。每一事物都必须存在于某地。这里，'某地'意味着'某种现实实体'……设想某个说明性事实可以从非实体浮进我们的现实世界，这是一种用语上的矛盾。非实体即是虚无。每一个说明性事实都指向一个现实事物的决定和效验。"（PR，p.46）

因此，"在任何'实存'意义上存在的一切事物，通过抽象均源于现实事态"（PR，p.73）。除了与"现实事态"的某种确定关系之外，"什么也没有，只有非实体——其余均归于沉寂"。"本体论原理"就像一条活动或创造性守恒定理，因为它意味着必须始终有某种现在的活动或创造性生成过程作为所有其他存在样式的条件或"根据"。理解"本体论原理"是进一步理解怀特海思想的一把钥匙。事实上，怀特海宣称，《过程与实在》在很大程度上"建立在""本体论原理"和相关的"普

遍相对性"原理之上。(PR，p.48)

尽管按照"普遍相对性"原理，每一个"现实事态"都是由所有其他"现实事态"构成、决定或规定的，但如前所述，任何"现实事态"都不可归结为构成它的各种关系继承下来的集合。因为在综合、自我组织或自我构成行为中，每一个"现实事态"都构成了其客观地继承下来的环境的定向中心，构成了它所继承客观关系的一个自我组织的"观点""定向中心"或"价值中心"。一个特殊事态本身的自我组织活动或解释观点作为一个构成成分进入到"事态"的个性之中，规定着它之所是。因此，尽管一个"现实事态"在客观上为其客观环境所决定，但在微观上它还为它自己的自我建构活动所决定，该活动是那些继承下来关系的综合的自我组织中心。结果，"现实事态"决不可归结为它的客观的或宏观的条件。始终有某种自我组织或自我建构性微观活动作为一种附加要素进入到一个"事态"最后的确定性之中。(PR，p.210)

把一个"现实事态"的观点或价值观点作为一种附加要素包括在其个体构成之中，就像把一个认知主体的自我意识作为一个本质要素包括在它自己的特殊性质和内容中一样。事实上，认知主体仅应当被理解为"现实事态"总体的自指特性的复杂例证。怀特海对"现实事态"自指内容的解释被包括在他所说的"改良的主观主义原理"之中。根据这一原理，自指观点的形式特征被作为一个构成要素包括在全部"现实事态"之中。

这里，没有把自我意识作为"现实事态"（或客观实在）整体的一个必要特征。相反，这里至关重要的是关系的"形式"，而不是意识本身的在场。通过把主观性的形式保存在事物的一般本质中，怀特海能够把自我建构的结构特征作为一个要素包括在事物的本质中，同时又避免了一种强烈的唯心论或泛心理性质的形而上学的缺陷。

在怀特海看来，在笛卡尔和洛克哲学中清楚地表现出来的近代哲学向主观主义的转向，包含了这样一种信念（尽管表达方式不同）："整个宇宙都是由在对主体经验的分析中表现出来的要素构成的"（PR，p.166）。一般说来，怀特海同意"如果不是作为主体经验中的一个要素被发现，那么，任何东西都不会被接收到哲学体系之中"。然而，与表现在笛卡尔、洛克、休谟和康德身上的强烈主观主义观点不同，怀特海肯定了他所说的"改良的主观主义原理"。和康德一样，怀特海承认，"除了主体的经验之外，别无他物，只有纯粹的虚无"，但他与康德等人彻底背道而驰之处在于，他放弃了把"意识"作为主观主义转向的一个必要方面的观点。相反，他所做的是集中于意识经验的一般"形式"，这种形式的自我建构性是根据主观或时态时间的关系性结构加以规定的。每一个"现实事态"都将具有它自己的"关系性观点"或"定向中心"，一个具有时间性结构的关系性境况，这种境况将是对每个个别的自我组织性"事态"的唯一规定。通过把主体或时态时间的一般形式扩展至事物本身的本质中（作为"现实事态"的限定性宏观微观结构），怀特海提出一种客观主义形而上学，这种形而上学也保存了近代主观主义转向的基本要素。因此，世界的观念作为"既包括我们的认知行为，又超越了这些行为"的"一个事物复合体"得以保存。

作为综合的自我组织活动之不同统一中心的"现实事态"之间关系的连续性质，产生了怀特海所说的自然的创造性进展——一个内在的自我超越过程，即不断地进行创造并超越过去和现在的状况，朝向一个新颖的、不确定的和可更改的将来。这种过程是内在的，因为支配自然可理解性和实存的条件完全存在于自然之中；它又是超验的，因为构成一般自然秩序的条件包含了新的表达方式和自我组织形式之可能性条件，这些形式不可归于它们的前件。正是在这些一般条件之下，事物的自然秩序被认为是内在创造性的：

○

　　"'创造性'是'新颖性'的原理。一个现实事态是一个新的实体，不同于由它加以统一的'多'之中的任何实体。因此，'创造性'把新颖性引入了'多'的内容之中，而联合起来的'多'就是宇宙。'创造性进展'就是这一究极的创造性原理在它所产生的每一新处境中的应用。"（PR，p.21）

自然的创造性进展是一个可修改的过程，对怀特海来说，这一过程本质上是未完成的：

○ "作为一个有机的广延性共同体的自然概念，忽略了下述同样基本的观点：自然永远不会完成。它总是在超越自身。这就是自然的创造性进展。"（PR，p.289）

在自然的创造性进展中，"多"成为"一"，并为"一"所增补。（PR，p.21）

由于采纳一种彻底内在性哲学，怀特海能够避免超验知识的问题，从而为一种安全的知识承诺打开了大门。通过采纳新颖创造性原理，怀特海也能够为一般事物秩序中的创造性自由留有余地。因此，作为实存本身的可能性条件，"创造性"原理可以保证一个合理的知识承诺，这种承诺植根于内在决定的条件之中。与此同时，它又保证一个强烈的自由承诺，这种承诺植根于自然的创造性进展，而这种进展的目标则是对先前决定的新的超越。

时间与实在

现实事态及其关系

"唯一可理解的因果概念建立在内在性理论之上。每一个事态，都以活跃在它自己本质中的先在世界为先决条件。这就是为什么事件之间都有一个相对确定地位的原因，也是为什么过去的质能被结合为现在事态中一种质能模式的原因。这就是因果性理论。正因如此，事件才处于它应在的位置，这属于每一个事态的本质状况。正因如此，一个特性才能从一个事态传递到另一个事态中。正因如此，才有自然规律的相对稳定性，有些规律适用于较广泛的环境，有些规律则适用于较狭窄的环境。正因如此，也正如我们已经注意到的，在我们对周围世界的直接把握中，我们发现了那个奇特的习惯，即宣称与被观察的质料有双重统一性。我们在世界中，而世界也在我们中。"（MT，p.165）

对怀特海来说，自然的性质在本质上是原子主义的——一个多元的"现实事态"及其关系的领域。然而，与机械论学派的原子主义不同，怀特海的"原子"或"现实事态"是主动的，而不是被动的。"现实事态"是自我组织或自我建构的关系中心。在机械论学派中，个别的原子首先是通过对一个原子有所断定的所与性质相互区分的。例如，在牛顿力学中，原子的个体性是由空时关系加以维持的，这些关系构成了原子在一个特定的绝对空时领域中的"位置"。在怀特海那里，被断言的性质尽管是可辨别的，但它们本身并不具有区分功能。相反，是构成那些关系性质统一中心的综合性自我组织"活动"，使事态成为"多"中之"一"。因此，尽管我们可以根据其可辨别的性质刻画一个特定事态，但我们还是通过它的区分活动把它作为一个个体区分出来。正是这种自我组织性构成了每一事态可能性的区分条件。

一个"现实事态"与它的前件与后件之间的直接关系，被怀特海定义为有效因果性关系。这些关系可以在双重意义上加以理解。从这一关系的前件方面看来，存在着一个"事态"为它的后件所制定的决定性条件（即产生结果的原因）。而从这一关系的后件方面看来，存在着一个综合性活动，后继的"事态"据此活动继承或"吸收"其前件的有效条件。在上一个"事态"和下一个"事态"之间有一种直接的关联或对内容、信息的直接分享，在这个意义上，上述关系是一种直接关系。事实上，在一定意义上，从这种关系的这个或那个方面看来，在从上一个"事态"向下一个"事态"过渡的过程中，先行和后继的"事态"只不过是同样的共享内容。

如前所述，对怀特海而言，从本质上看，一个因果关系就是一个可感的价值关系，即受影响的感觉关系。受影响的关系被规定为一种审美关系，这种关系需要一个"感觉"或"定向"中心作为结果的居所。这里所使用的"感觉"是：

○　　　"从质料的客观性过渡到该现实事态主观性的一般基本运作方式。感觉是影响向主观性过渡的各种专门化运作方式。"（PR，p.40f）

感觉是从"受影响"这一方面关系所看到的一个原因的效验性。也就是说，（被理解为一种受影响关系的）效验性或因果决定是事物本质的一个根本要素。成为一个结果，也就是成为一个原因效验的感觉或定向中心。因此，肯定一个原因的实在性，也就是肯定一个感觉关系观念，即受影响的关系。怀特海用被理解为"特定"影响之居所或中心的"感觉"一词：

○　　　"取代某些实在论哲学家的'中立材料'。一个现实实体是一个过程，不能根据一种'材料'的结构加以描述。"（PR，p.41）

在怀特海的世界中，没有作为事物实在性基础的中立"材料"，也没有无效验、无影响、无价值的"质料"或"实体"。相反，效验性是事物本身结构的一部分。在此，甚至根本的实存要素也是根据由现实存在者或事态构成的效验性加以规定的，而这些存在者或事态的本质又是由它们与其他事物的效验关系构成的。通过根据一个效验性价值关系网络规定每一事物，怀特海能够根据它们先前、共时和后继关系规定一切事物，从而为他"普遍相对性"的一般原理确立框架。

对怀特海来说，任何"实质"意义上的存在，也就是成为与一个可能事物相对的现实事物。说一个事物是现实的，就是说它具有因果效验性，或者从微观上看，作为一个自我构成或自我决定的关系中心；或者从宏观上看，作为以效验方式决定着另一事物的事物。正是作为效验领域的现实性的确定本质使现实区别于可能。对于怀特海来说，在最广泛的意义上，可能或潜能是无所不能的，包括一切可设想之物：

"实存的真正意义便在于'在作用中充当一个因素'，或者换言之，在于'造成一种区别'。因此，'要成为某物'就是作为某现实分解中的一个因素能被发现的意思。随之而来的结论是，在某种意义上，天下万物都是'实在'的，这是就它自身存在的范畴而言的……但是，'实现'这一术语指的是，那些现实实体将该实体作为一个积极的因素包容在自身的结构之中。所以，尽管万物都是实在的，但却不一定实现于某一整套具体的现实事态之中。但是，它必须是能被发现的，能被实现于某个现实的实体之中。"（AI，p.197。另见中译本第 254—255 页）

作为各种可替代可能性的无所不包的析取，纯粹的潜能完全是不确定的，每一种选择都同样是可能的。对于纯粹潜能的一般领域中各种关系或性质无所不包的析取，源于那个纯粹抽象领域中因果效验或具体决定的缺失。只有当在由确定的因果效验关系构成的具体世界中得以实现或体现时，对于各种可替代可能性的无所不包的析取，才会个体化为对事物特殊性质的唯一析取。因为在决定某物是"此"而不是"彼"的过程中有因果效验或现实决定，就会有一种"排他性"因素。这样，因果效验就构成了一个个体化原理，为某个特殊的、具体的或"现实的"（相对于"可能的"）事物所具有的可能性质设置确定性限制。因此，现实性或因果决定（或自我决定）领域也可以被定义为"顽固的、残酷的事实"领域。这就是下述一般感觉的根源：有一种客观的或外部的限制，我们与我们必须与之相适合的某个"所与物"有关。因为在最强烈或最完全的意义上，现实就是效验关系的领域，就是一种有影响和受影响的关系。"残酷事实"的根据或条件是，效验决定得以产生的决定或自我决定活动。因此，一个现实事态就是一个主动的事态，它把由继承关系构成的"所与"限制或约束结合在一个统一的整体中，并为其后继者设置同样的限制或约束。这种效验性决定或自我决定活动是体现于一切现实事态中的宇宙的主动性或创造性方面：

> "'现实性'就是在'潜能'中所作的决定。它代表了无法逃避的顽固事实。一个现实实体的实在的内部构造构成了一种决定，该决定制约着那超越现实性的创造性。"（PR，p.43）

"决定"是某物被划定为"此"而非"彼"的首要手段，是一种自我建构或自我决定活动。它把一个分离的殊项规定为一种唯一的现实性。作为限制或区分性活动，"决定"不是"一个现实实体的因果附属物。它构成了现实性的真正意义"（PR，p.43）。正是为了取得现实的有效排他性（和单纯可能的无所不包的相对），怀特海把"创造性"作为他的究极的先验原理，而通过其效验的或自我效验性活动分化出来的"现实事态"则作为它的首要表现。

"现实事态"的关系性意味着，脱离了它的更广泛的关系，任何"事态"都不能得到理解，"不可能有任何实体享有一种孤立的自足的实存。换言之，有限性不是自给的"（MG，p.102）。按照"普遍相对性"原理，一切"现实事态"都表达了一般的相关性。"现实事态"之间存在的内部和外部关系本身，可以被理解为一般"广延性"观念的例证或表达：

"正是通过'广延性'，各种把握之间的联结呈现为内部关系的双重方面，这些内部关系在一定意义上也是外部关系。很显然，如果物理世界的一致性与对其个别现实性的描述相关，那么，这只能是由于这种关系的根本内在性。另一方面，如果现实性的个别分离性要发挥其影响，那么，在这些关系中一定有这样一个方面，从这些关系看来这些分离性可以被视为外部的，即视为分离的事物之间的纽带。广延性图式就符合这双重目的。"（PR，p.309）

通过在一个共同广延性图式（这个图式无论从并列角度，还是从发生角度都是分离的）下的相互联结，过程的内部和外部实在得以保存。

　　"现实事态"间所获得的这些连续关系产生了怀特海所说的"实在的"或"广延的"连续体。作为客观化现实事态的一般领域，广延连续体是构成那一般领域的客观化关系的表达。在此意义上，广延连续体代表了连续性"过去"对任何"当前事态"所具有的"实在性"，这种实在性把一种有效义务置于"当前"和"将来"之上，使之适合被置于它们之上的限制。广延连续体体现了客观化或先前现实事态的"决定"，这种活动的唯一本质就是把确定性限制置于当前和将来之上。就此而言，广延连续体是完全确定性的。

现实事态的时间性结构

作为所有其他存在样式一定与之相关的先验条件，现实事态必然具有一定程度的复杂性，来足以说明事物一般秩序的多样性和复杂性。怀特海对这一先验必然性的回答是：按照这里被界定为过去、当前和将来之不对称关系的主观或时态时间结构规定现实事态及其关系。

O　　　　过去→当前→将来

在主观时间的框架内，每一事物都与其他事物处于某种确定关系之中。脱离了与过去和将来的关系，当前就不能得以理解。将来和过去亦然。每一事物都与作为其特殊性质决定因素的他物处于某种条件关系之中：

O

"在当前，作为绝对完成的个别实在来说，将来的事态是非存在的。所以，将来肯定是在与过去个体事态的客观不朽性不同的意义上内在于当前的。在当前并不存在属于将来的个别事态。当前包含着这种被实现的个体性的极限。整个关于将来的学说，应该根据对每一个别现实事态的自我完成过程的解释来理解。"（AI，p.192。另见中译本第 224 页）

怀特海选择主观时间作为其形而上学框架有以下几个方面的原因。首先，主观时间是一个不断的流或过程，即一个在结构上也是分离的流动性的"现在"。当前或流动性"现在"，可以被刻画为这样一个不断的运动或流，即离开过去，奔向将来。用更为被动的方式说，当前可以被描述为一个不断移动的连续性观点。自此观点看来，过去总是在"退隐"，将来总是在"逼进"。曾经是昨天的东西，现在可能是过去"两天"或"两年"的东西。而过去曾经是将来"两年"的东西，现在可能是将来"两天"的东西、"现在"的东西，甚至是"昨天"的东西。

在主观时间中，我们拥有一个不断移动的当前或"现在"，它既与过去和将来保持连续性，又与之不同。主观时间是一套连续的不断变化的三重关系，是一个在结构上被划分为不断移动的关系链条的连续过程。怀特海把这种流动性结构或结构之流称为"过程的形式"，实存的关系性质正是根据这一结构得以规定的：

"任何类型实存的本质都只有通过参照它在创造性活动中的含义才能得到解释，这些含义特别包含三个要素，即材料、在形式上与这些材料相关的过程、为下一个过程提供材料的结果——材料、过程和结果。"（MT，p.93）

这里，我们拥有一个充满了变化的可分解结构，一个当前离开过去、奔向将来的不断的关系性过程。

其次，怀特海正是根据主观时间的这种关系性框架为其"普遍相对性"原理奠基的。因为在主观时间中，被视作过去和将来的东西，总是相对于恰好被视作当前的东西而言的。因此，对一个"当前"而言是将来的东西，对另一个"当前"而言也许是过去的东西。没有任何例外的非关系性当前观点，也没有全部现实都能得以权衡的普遍观点，相反，只有构成当前"观点"领域的不同的或个别的"观点""定向中心"或"自我组织中心"。每一个"观点"，都是由它在构成其过去和将来的关系领域中所处的相对地位构成的。因此，为了理解作为当前的某物，人们还必须理解"对它"而言是过去和将来的东西。

○　　　"必须记住，'现实世界'这一术语就像'昨天'和'明天'一样，因为它根据观点的不同而改变其意义。"（PR，p.65）

当前是一个纯关系性概念，它的意义依赖于与过去和将来的关系。这就是说，过去和将来是当前之物的意义和特性的构成要素。通过把这一时间性框架扩展到实在本身，怀特海发展出他的"普遍相对性"原理。正如当前是由它与过去和将来的关系构成的一样，一个被视为当前的"现实事态"也将由它与其过去和将来的关系构成。于是，主观时间的高度关系性整体性质就成了理解实存本身的模式或框架，一切事物都被理解为由不断变化、具有时间性结构的关系构成的一个更广泛整体领域的一部分。

第三，尽管当前在主体时间中的性质是由与过去和将来的关系构成的，但当前也构成了一种积极的或现实的条件，使过去得以保存，也使将来成为现实。当前是过去得以保存、将来得以实现的积极的或现实条件。我们把当前描述为当下存在之物，把过去描述为曾经存在之物，把将来描述为尚不存在之物。尽管当前可能由过去和将来所决定，但现实性本身的居所则存在于当前之中。眼下在场之物是最现实或最真实之物。现实之物是由过去（即过去的现实之物）和将来（即可能的现实之物）所决定的不断移动的、行进中的和非对称的当前之流。过去和将来只有通过它们与一个当前"观点""定向中心"或"视角"发生关系才能够存在。把当前作为现实性的中心加以强调，这体现在怀特海的"本体论原理"中。作为现实性的中心，每一事物都必须与某个现实事态，也就是说，与某个当前"观点""定向中心"或"视角"有某种关联。

主观时间的一般结构，为怀特海提供了一个用以规定过程观念（即赫拉克利特"一切皆流"的观念）的框架。在怀特海的时间性结构框架内，过程可以被定义为具有时间性结构的事态及其关系的生成。过程是存在于现实的当前中的各种不同和不断移动的关系，是各种不同的现实事态间，或者毋宁说是各种自我分化的现实事态间的关系：

○　　　"过程和个体性相互需要。若相互分离，则各自的意义都失去了。过程的形式（换言之，欲求）的特性是从相关的个体中产生的，而个体的特性也只有通过它们所包含于其中的过程才能得以理解。"（MT，p.97）

　　创造性进展的一般过程以两种不同的方式表现出来：（1）从微观或从内部看来，作为一个自我决定的目的性过程。通过这一过程，一个个体化事态作为一个自我组织的关系中心，向某种将来的"满意"或完成状态（这是已实现的和谐的一种目的论表述）运动；（2）从宏观或从外部看来，作为现实事态的一个一般领域。这些事态彼此之间处于一种具有时间性结构的效验关系之中。（PR，p.23）从微观或内部角度来看，创造性进展采取一个个别现实事态的形式，经历了自我建构各个不同的具有时间性结构的发展"阶段"。而从宏观或外部角度看来，创造性进展则采取了一系列事态的客观形式，这些事态彼此处于有效的、具有时间性结构的关系之中。广义地说，无论是内部过程还是外部过程，对对方都不具有优先性。相反，两个过程是相互支持的，一个过程只有与另一个过程相连才成为可能。这样看来，两个过程都是过程整体中可辨别的要素。主观时间的时间性结构成了一种手段，用来规定现实事态与一个事态自我建构或"生活史"这一微观过程间宏观的效验关系。

值得注意的是，尽管可以根据主观时间的一般结构对现实事态进行宏观和微观分析，但这些事态并不必然地出现于时间之中。例如，在宏观层次上，事态可以说出现于一个非时间性系列之中。它们的确出现于一个时间性框架之中，这是我们这个特殊宇宙时代的一个偶然特征。因此，对时间性结构所作的形而上学分析本身并不是时间性的，但却是时间性事件的可能性条件。

宏观分析

在客观或宏观层次上，全部现实事态都出现于一个连续性相关框架中，该框架反映了主观时间的一般结构：

○   过去→当前→将来
                先行的→共时的→后继的

从宏观角度看来，一个现实事态始终与构成其一般环境的现实事态领域相关。这个一般环境包括三种不同类型的关系：（1）与该事态过去的先行关系；（2）与该事态将来的后继关系；

（3）与和该事态共同"在场的"其他事态的共时关系。一个个别事态的特性可以说就是这些宏观关系的一个"函数"。

正是在扩展构成性关系领域来使之包括先前、后继和共时关系的过程中，怀特海的原子论最为彻底地不同于更为传统的机械论模式。因为传统机械论是由"简单定位"观念支配的，这种形而上学和宇宙论体系把某些关系视为绝对关系（如时间的绝对性）。在怀特海的体系中，每一个现实事态都彻头彻尾地是关系性的，每一个事态都以相对于其构成了它先行的、共时的和后继的环境的事态领域的定向或观点为特征。

和主观时间一样，一个现实事态与其过去和将来的条件性关系是单向不对称的。这种单向的不对称性被客观地表现为一种因果效验关系。特别是，一个现实事态将以效验方式被它的过去所决定，它也将以效验方式决定它的将来。这种关系的效验性质被"感觉"为一种"向量感受"，一种：

> "来自确定的远方并指向一个尚待决定的远方的感受。但这种感受主观地植根于当前事态的直接性之中。它就是事态本身所感受的那样，即源于过去、融入将来。"（PR，p.163）

这种关系的效验性是不对称的和单向的。因此，一个现实事态将在内部与其前件相连，在外部与其后件相连，任何一个事态都不曾以效验方式决定它的过去或以效验方式被它的将来所决定。事实上，一个现实事态的过去可以被定义为决定着它的客观或宏观关系领域；一个现实事态的将来是受当前事态决定的关系领域；共时事态则是那些对该事态来说既不是过去，也不是将来的东西。共时事态既不是其他当前事态的因果效验，也不是以效验方式被那些同样事态所引起或决定的。

从与其他事态关系的角度看来，相对于构成其一般环境的其他事态，一个现实事态将具有一个有限的现实"期"，一个起点和一个终点。相对于某个事态的当前"观点"，将有存在于该事态将来之中的其他事态（因而尚不存在），以及存在于其过去之中的其他事态（从而在任何现实的或积极的意义上不再存在）。由于个别事态可以说都有一个起点和一个终点，在前后相继的事态间必定有某个"联结"点或某种连续性线索来作为一种效验关系可能性的条件。这个联结点是一个先前事态的消失点或"满足"点，一个与相邻的当前事态一致或共有的瞬间。

根据"本体论原理"和活动守恒观念，我们知道，在现实事态领域中必定始终有某种当前的建构性活动。换句话说，必定始终有某种当前活动，其中过去得以保留，将来得以实现。这就意味着一个事态的结束，同时就是下一个或后继事态的开始。由于在事态之间不可能有任何间隙，不可能有任何无活动的瞬间（因为这样一种间隙意味着一个非存在阶段），于是，一个当前事态与其前件之间的关系将始终是一种直接关系。因此，一个事态的结束或"消亡"，同时就是下一个事态的开始。抽象地看，从这一关系的这个或那个方面来说，一个事态的结束和下一个事态的开始可以说是一个共同的或同一的瞬间。因此，从先行或过去事态的角度看来，这个共同瞬间或直接关系代表着那个事态的消亡，而从当前的事态看来，同一瞬间则代表了当前事态的开始或"源初材料"。

先行、共时和后继事态间的不对称效验关系，可以在下述双重意义上加以理解。首先，有原因为其结果制定的决定性条件；其次，有受动事态借以主动地继承或"接纳"那些决定性条件的综合条件。因此，尽管一个现实事态的大部分确定性结构可以从其连续性前件或过去中推导出来，但一个现实事态还应被理解为一个自我组织或自我结构性系统，一个"信息处理器"，对传递给它的信息进行收集和处理，从而为它自身及其将来提供确定的形式。（AI，p.178f）因此，成为这种意义上的一个"客体"，就是处于某个当前事态的过去之中。换言之，成为这种意义上的"客观"或"客体化"就不再是一个当前事态，因为只有当前事态被规定为先行"材料"或"信息"的积极的接收方式或继承方式。只有当把一个现实事态视为一个当前的自我组织性"信息处理器"时，我们才从一种宏观层次的分析转入一种微观层次的分析。

微观分析

怀特海对现实事态所作解释的核心是其下述新主张：每一个事态都有一个内部结构，这个结构展现为该事态的个体"生活史"——一个有限的自我组织或自我建构过程或"时期"：

> ○ "现实事态是可分解的。这一观点揭示了这样的工作过程，即把单个看来相异的实体转化为一个作为具体统一体的复合体的构成要素。"（PR，p.211）

尽管一个现实事态本身就可根据它的各个部分加以分解，但只有现实事态整体才把其统一性条件完全包含在自身之中：

> ○ "有机体哲学是一种关于现实性的细胞学说。事实的每一个究极单元都是一个细胞复合体，不可能同样完全地分解为现实性的构成要素。"（PR，p.219）

一个现实事态可以被分解为若干部分，但除非它们体现在某种具体的复合事态之中，否则这些部分本身便不可能存在。因此，每一现实事态都可根据它的部分加以分解，但绝不能被归结为那些部分，因为那些部分本身只有作为构成其实存条件的统一现实事态的可辨别特征才能存在。

一个现实事态的可分部分就是一个内部自我发展或自我组织过程的部分。每一个部分，都代表着事态自我发展中的一个不同阶段。因此，一个现实事态可以根据这种具有时间性结构的"生活史"或发展"阶段"加以分解。最终，客观事态的特殊性质将是这种微观过程的一个"函数"。

从这种内部观点看来，一个个别的现实事态可以说具有或者展示了一种三重划分，这三重划分反映了在宏观层次上所揭示的那种划分。这种微观或内部结构的一般形式可以规定为：

⭕　　　　反应→补充→满足

一个事态的反应阶段类似于康德关于"所与物"的感受性观念。在反应阶段，一个事态与其前件处于一种直接关系之中。一个事态的初始阶段或材料是某个先行或过去事态的"满足"或消亡瞬间的当前一面。原来被从宏观上描述为前件决定其后件之效验的东西，这里被规定为在先行消亡和当前自我产生这个共同瞬间的"信息"转换。由于一个事态的结束也就是下一个事态的开始，所以，两个事态将分享有同样的信息和材料，当前事态接受或继承先行事态的信息作为它的初始材料。（PR，p.246）从这种关系的任何一面看来，这种共有的材料都将是同样的材料：从消亡中的前件的角度看来,是最终的材料或"满足";从当前事态这一面看来，则是初始材料或"产生"。因此，反应阶段便被规定为这样一个瞬间，通过它，一个事态从其消亡的前件那里继承或"把握"了共有的材料（这里，把握被规定为一种"非认知的领悟"）。（SMW，p.69）

第二个阶段即补充性阶段，是当前事态对被继承材料的"理解"或"观点"。在补充性阶段，当前事态的综合的自我组织能力或活动被添加到被继承的材料上去，成为当前事态构成中的一个附加要素。因此，当前事态的内容或特性，被规定为被它自己的综合性自我组织活动所补充的被继承材料（即它与其前件共有的东西），我将之称为它的"能动材料"。怀特海把一个当前事态的能动材料称为它的"主观形式"（PR，p.23）。正是通过它的能动材料或"主观形式"，一个现实事态从其相关物中区分或分化出来，因为能动材料构成了当前事态构成中与初始继承材料不同的一种附加要素。作为对被继承材料的"吸收"或包容的能动材料，构成了任何这种继承的可能性条件。正是由于作为现实事态中一个构成要素的能动材料的增加，任何现实事态都不能被归结为它的前件。因此，每一个事态都将是对构成自然创造性进展的一般关系框架的一种新的附加。

补充性阶段本身，可以沿怀特海所说的"审美的"或"理智的"路线作出进一步区分：

"第二个阶段，即补充性阶段，将自身划分为两
个子阶段。这两个子阶段都是不重要的，而且它们
并不是真正可分的，因为它们通过强化或阻止而相
互干扰。如果两个子阶段都不重要，那么，整个第
二阶段便仅仅是对个体发生的确定性否定，并且该
过程被动地过渡到它的满足。于是，现实实体便只
是传递继承的感觉构成的工具。其私有的直接性成
了完全不相干的事情。在这两个子阶段中，前一个，
如果有一个先后顺序的话，是审美补充阶段；后一
个是理智补充阶段。"（PR，p.213）

在现实事态的自我建构中，补充的程度可能因事态的不同而有
很大差别。如果补充绝对是微不足道的，并且单个看来无任何
意义，那么，起作用的便是一种强决定论，结果是一个事态几
乎完全与它的前件相一致。这种几乎完全的一致表现为由无机
物质构成的决定论或"机械论"世界。如果补充是决定性的，
那么，在该事态中就将有更大的个体自由或自我决定，而被继
承的材料就会在那个事态特性的决定中起到较少的作用。总之，
在活的有机体中，补充的重要性最为明显。

　　在审美补充中，能动材料将呈现为下述形式，即"对一个
现实事态增殖过程中客观内容的统一性所固有的对比和节奏作
出一种情感评价。在这个阶段，知觉被对痛苦与快乐、美与厌

恶的假定所加强"，这些都是该事态能动材料或主观形式中的附加要素。（PR，p.213f）而在理智补充中，我们发现了把可能性或潜能思考为能动材料的一个构成性特征。这里，我们"把单纯计划中的潜能与已实现的事实之间的充分对比引入感觉之中"（PR，p.214）。审美补充出现于我们认作有生命的事物中，而理智补充则出现于我们认作"有意识的"或具有心灵的那些事物之中。若无理智补充，审美补充是"盲目的"，因为它缺少从"现实"和"可能"的比较而来的方向。（PR，p.214）

一个现实事态"生活史"的最后阶段是它的满足点。它是这样一个瞬间，一个事态成为完全自我构成的或综合的。满足的瞬间代表了一个事态自我建构过程的完成，也代表了"直接性的消亡"或某个当前事态客观化的消亡。它既是当前自我建构性事态的终结，又是那个事态因果效验的开始，即对将来或后继事态施加其自己的确定性限制。终结或消亡的瞬间也是事态获得最终的确定统一性的瞬间。正是作为一个完全确定的实体，该事态才获得了一种效验状态，一种决定状态，使它能够直接影响后继事态。因此，满足之点或瞬间也是这样一个点，即现实事态作为其将来的一种客观决定因素而生效和"永恒化"：

○ "这里被称作'满足'的终结性工作，体现了在自身之外现实实体的状况。"（PR，p.219）

依据一个特定现实事态复杂性的不同程度，自我建构各不同阶段的意义可能极为不同。然而，在从一个阶段到下一个阶段的过渡中，后继阶段必然以它们的先行阶段为前提条件，使这一过程成为一种非对称的层叠性建构。这意味着后继阶段将始终带有其由之而出的早期阶段的色彩。在最后的满足阶段，事态不再是一个"自我组织中心"，相反，变成了一个个体化的、完全确定的和具有外部效验的"客体"。重要的是，尽管自我建构的内部过程可能具有时间性结构，但它本身却不是一个时间性事件，即它不发生于时间之中：

○　　　"现实实体被视为一个过程，存在着从一个阶段到另一个阶段的增长，存在着整合和重新整合的过程……从一个阶段到另一阶段的创造性过渡不存在于物理时间之中，这种恰恰相反的观点表达了增殖与物理时间的关系。简言之，物理时间表现了增长的若干特征，但却不是这些特征的增长。最终完成的感觉是'满足'。"（PR，p.283）

因此，满足的瞬间同时就是预期的瞬间，因为在这个瞬间，当前事态正式对它要帮助塑造或决定的一个将来产生效验，并在其中得以保存（AI，p.192）。

虽然一切现实事态都可划分为自我建构的不同阶段，但自我建构的创造性活动或能力本身却不是任何事态的一个可划分的特征：

○ "在每一个生成行为中都存在某种具有时间广延性事物的生成。但这个行为本身却不是广延性的，因为它不像已生成之物的广延可分性那样可以被分为先前和后来的生成行为……该学说宣称：创造物是广延性的，但其生成行为却不是广延性的。"（PR，p.69）

因此，尽管作为一个完成的客体，一个现实事态可以说具有一种确定性结构，但"自我组织的创造性活动本身"却是"不可分的"。这种能力或活动与过程的所有阶段都密不可分，而不是那些阶段的附加之物。毋宁说，那些阶段本身就被规定为自我组织或自我建构过程。按照"本体论原理"，必须始终有某种自我组织过程作为存在或实存本身的现实条件。

作为一个自我建构或自我组织中心，一个现实事态构成了一个"私有的""感觉"或牵连场所，一种新颖的综合活动中心，并与它施加影响、也接受影响的环境处于某种关系之中：

○ "一切发生都是私有的。但如此产生出来的东西却公开地弥漫于世。"（PR，p.310）

尽管一个事态的自我组织活动可能是私有的，但这种活动的效果却表现于构成整个世界的很多现实事态之中。作为"私有"之物，现实事态从目的论上讲是自因，它的建构活动"向内"指向它本身（类似于自我意识主体的"向内"转向）。然而，作为"公开的客体"，现实事态也是一个有效的原因。于是，它的建构活动又指向作为其一般环境的构成性特征的"外部事物"。因此，因前后联系的不同，现实事态可以说同时具有公开的和私有的两个维度。这两个维度都代表了怀特海一般称之为"过程形式"的双重方向。

用康德对美的分析所用的方式说，现实事态可以说展示了一种无目的的目的性，它具有一种只属于它自己的方向或目的性冲动，因而不可归结为某个压倒性概念或目的。因此，在宏观层次上，创造性活动被表现为因果效验，而在微观层次上，同样的活动则被表现为一种自我组织的目的因或最终因：

"按照这种解释，有效因果关系表现了从现实实体到现实实体的过渡，而最终的因果关系则表现了现实实体得以成为自身的内部过程。有材料的生成可以在世界的过去中找到；有当下的自我从材料中的生成，这种生成是当下的现实过程。一个现实实体既是其有效过去的产物，又是——用斯宾诺莎的术语说——自因。"（PR，p.150）

用看似自相矛盾的话说，一方面，一个现实事态体现了它的环境；另一方面，它又超越其环境，因为它自己的综合活动被添加到其继承下来的关系之上，成为其全部或最终统一体的一个构成要素。正因如此，"每一现实实体都因其新颖性而超越了它的宇宙，包括上帝"（PR，p.94）。一个现实事态既体现，又超越它的环境。经验及实存本身之所以始终表现出一种不对称的向量性质，原因也在于此。因为这种先前"吸收"和后继"传递"的方向，始终是以这样一种运动为特征的，即离开过去，朝向将来。

一般潜能或"永恒客体"

在《自然的概念》中，怀特海宣称，"思想比自然更为宽广，所以存在着不是自然实体的思想实体"。尽管思想比自然更宽广，但构成"思想目标"的却是现实实体或自然事态。

○　　　　"除了实体外，不可能有任何有限的真理。正是通过这些实体，漫无边际的不相干之物才被置于思想之外。"（CN，p.12f）

思想能够超越现实性，进入可能的或潜在的领域，即高度抽象的领域。然而，无论思想可以变得多么抽象，它向可能性的迈进始终受到纯粹残酷事实或现实性的限制。无论我们可以把世界设想为什么，但始终是残酷的或"所与的"现实性说了算。

对怀特海来说，自然的纯粹残酷事实是以现实事态的自我建构性效验力量或活动为代表的：

> "自我实现是事实中的究极事实。现实实体是自我实现的，而且任何自我实现的东西都是一种现实性。"（PR，p.222）

如前所述，现实事态间的确定和限定关系的产生被认为是现实世界的效验限制或决定的领域。由于现实不同于可能，因此，我们必须对思想所具有的超出现实事实领域之外的能力作出解释。为了作出这一解释,怀特海提出了他的"永恒客体"概念——一个潜在或可能实在的领域，而这些潜在或可能实在的存在仿佛独立于它们与有限现实性的关系。

凭借永恒客体，怀特海澄清了殊相与共相这一传统哲学区分的意义：

> "任何实体，如果其概念识别并不必然指向时间性世界任何确定的现实实体，那么，这个实体就叫作'永恒客体'。"（PR，p.44）。

从狭义上理解，永恒客体是传统共相理论所声称的那些非时间性"性质"的根源或根据。但永恒客体不应被理解为传统意义上的共相。相反，它们是弄懂共相意义的方式。在怀特海看来，永恒客体最好被描述为"纯潜能"或"纯可能性"，而不是"共相"：

○
　　"把'共相'一词应用于永恒客体是不幸的，因为它仿佛否认，并且事实上旨在否认现实实体也属于相对性原理的范围。如果不喜欢'永恒客体'一词，'潜能'一词也同样适用。永恒客体是宇宙的纯潜能，而现实实体则在潜能的实现方面相互有所不同。"（PR，p.149）

与现实世界的确定性和决定性不同，永恒客体完全是不确定的，并且只有经由它们与特殊现实事态的关系，才成为确定的（怀特海把这种关系称为"物理的侵入"）。通过侵入过程，永恒客体本来的不确定性变成确定的东西，即成为某个特殊事态所特有的特殊性质。例如，通过侵入，"红"的潜能（在某种纯粹的、不确定的意义上）变成了一个具体现实事物中"红"的确定性质。正是通过"在一个时间性世界的任何特殊现实实体中"一个永恒客体侵入的事实所具有的"中立性"，才会有可能性的存在。在怀特海看来，如果在某种本体论的"中立"意义上可能性与现实性没有分别，那么，可能性就会被归结为现实性，就不会为任何强意义上的新颖性或偶然性留有余地（即这样的可能性：事物本可能是另外的样子）：

> ○　"'潜能'是'所与'的相关物……'所与'的意义是，'所与'物本可能未被'给与'，而未被'给予'之物本可能已被'给予'。"（PR，p.44）

在怀特海看来，一般性质（如"红"）具有一种偶然性的外观，使它们看起来是任何特殊事态的非本质特征。事实上，人们可以说，对于一个现实事态的本质而言，唯一的必然特征就是其自我创造活动，即它的微观自我建构活动和宏观因果效验活动。在任何形而上学或逻辑的意义上，现实事态的继承特征（如"红"）都是偶然的，而非必然的——它们本可以是另一种样子。作为可能的可继承关系的一个不同根源，永恒客体有助于解释在一个现实事态和它的继承特征间所存在的偶然性。

作为一般可能性领域，永恒客体还解释了这样一个事实："思想比自然更宽广"，潜能比现实性更宽广。因为如前所述，如果实在被归结为有限现实性，那么，可能性就将等同于现实性。这将使我们置身于一个毫无新颖性可言的世界中，"一个静止的一元的宇宙，其中没有未实现的潜能。因为那样的话，

'潜能'将是一个无意义的概念"（PR，p.45f）。为了把握可能性与现实性之间的区分，怀特海把现实事态之间的关系描述为实在的"物理极"，而永恒客体则代表"概念极"（即概念的可能性领域，它的思考不依赖于任何有限现实性或自然例证）。

用逻辑术语说，永恒客体代表了"广泛选言"的领域，即一个包括一切可能性的，纯粹不确定的多样性领域。这个广泛选言或纯多样性的不确定领域，代表了"由永恒客体的多样性所提供的相互一致或取舍的多种可能性……一般潜能是绝对的"（PR，p.65）。作为广泛选言的领域，永恒客体（概念极）是"无所不包的，无矛盾的"（PR，p.348）。说永恒客体本身是无矛盾的，也就是说它们是不确定的，即它们不受有限现实事物效验决定的限制。换言之，在怀特海所说的现实或实在物的意义上，即"在除此之外别无他物的'实存'最完全的意义上"，永恒客体并不"存在"。（PR，p.75）相反，根据本体论原埋，由于永恒客体是不确定的（而现实事态则是确定的），所以，永恒客体必须通过它们与某个现实事态的关系才能存在。正是在回答这一问题的过程中，怀特海首次引入了他的上帝观念：一个现实实体，其永恒性质构成了永恒客体的条件或根据。因此，永恒客体被描述为人称"上帝"的永恒现实实体的一个表现或例证。

在对现实事态的物理侵入或确定证实的过程中，永恒客体成为可赋予任何现实事态的确定特征或性质。在因果效验的宏观层次上,这些确定性质就是一个继承事态被"给予"的东西,或者是由该事态加以"领会"的东西。在微观层次上,这些性质作为一个源初事态(源始材料)所特有的确定性限定条件被继承下来。这些被继承的性质或特征构成了确定性条件,制约着自我建构性事态能够或不能够成为什么。

如前所述,虽然每一个现实事态都将重演或重复由其效验前件所给予的确定性质,但在其自我发展和达到最后满足的过程中,每一个事态也把某种属于自己的东西添加到它所继承下来的决定之中。这意味着作为"红"从其前件中继承下来的东西,在当前的领会事态中可能被表现为"红"在强度上的轻微变化。因此,怀特海宣称:

○ "永恒客体是宇宙的纯粹潜能,而现实实体则在它们对潜能的实现方面相互区分。"(PR,p.149)

作为一般潜能或可能性领域,永恒客体也允许表现方式上的新颖性。新颖的或独特的表现被描述为在从先行事态继承下来的性质或特征方面的某种变化。这些变化之所以可能,是因为在当前事态的构成中永恒客体的独特侵入造成的。而这种独特的侵入之所以可能,是因为永恒客体不确定的中立性质使然。这种不确定的中立性质允许一个当前事态吸收"红"的其他不确定变化,并使这些可能变化中的一个成为那个事态中确定性的东西。（MT，p.70）现实之物之所以是现实的，是因为由来自不确定的永恒客体领域质的关系的侵入造成的。不确定的无限制之物从而成为确定之物，成为现实世界特殊的、唯一的关系。接下去，这些确定性质或关系从一个事态传递到另一个事态，成为一般事物序列的一部分。正是在谈论这些关系或这整个过程的特殊性质时，我们从形而上学过渡到了宇宙论。因为正是在宇宙论中，我们要考察恰巧出现于我们这个时代的世界的偶然特征。

注释：

① 这一看法受惠于 J. 布拉德雷。布拉德雷明确地把怀特海放在西方先验哲学的一般传统之内，非常准确地表明了怀特海本人如何帮助重新规定了先验方法。

② 在这里，时态的或主观的时间与固定的或确定的时间相对。在确定的时间中，一个个别事态或事件，被根据它在"之前"和"之后"的一般框架中的固定位置来看待。因此，一个事件就可以根据它与一般系列中前后事态的关系加以规定。而在时态的或主观时间中，当前始终是一个流动或相对的当前，其前后事件可以随着时间的"流逝"而发生变化。

3

On Whitehead ———————— 宇宙论

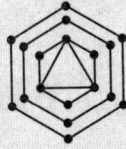

自然：内在的自我超越

思辨形而上学可以被解释为揭示事物必然情形的努力。而在宇宙论中，我们把注意力转向事物的偶然的情形，即转向碰巧构成了我们当前时代特征的特殊的、偶然的特征。例如，我们当前这个时代倾向于由空时关系所支配，但并不是一切时代都必然分享这种偶然性。我们当前这个带有特殊标记的时代的特征是：自然规律的盛行，生命的出现，以及在某些这样的生命形式中复杂意识层次的出现。所有这些特征都是实在总体偶然的而非必然的特征，但如果怀特海的形而上学要实现其对恰当性的要求，那么，每一特征都必须能够根

据上一章所勾勒的一般条件加以表述。现在，我们就转向对这些问题及其他问题的思考。

广延连续体

　　"某种同等可分性的一般特征，也许是在每一个由物理事态构成的宇宙时代中持续的一个究极形而上学特征……

　　"但是……很难在下述两种特征间划出一条界线：一种特征如此普遍，以至于我们不能设想任何其他的选择；一种特征如此特殊，以至于我们可以想象它们只属于我们这个宇宙时代。相对于我们自己的时代，这样一个时代可能在时间和空间上具有无限的范围……

　　"但就我们的时代而言，具有各种特征的广延性关联是一种根本性有机关系。凭借这种关系，物理世界被正当地描述为一个统一体。在广延性系统外不存在任何重要的物理关系。作为物理世界的一个现实事态意味着该实体是这个广延性关联系统中的一个被关系者。在这个时代，这样的系统规定着物理上的现实之物。"（PR，p.228）。

总体上的广延性是我们当前时代的一个主要特征。在当前的序列中，存在就是成为一个广延性事物，即存在于一个广延连续体——一个由空时关系所支配的连续体中。广延连续体无论在空间上，还是在时间上，展示了分化的潜能。然而，与永恒客体领域相反，广延连续体是与可能的可分性相反的现实可分性领域，即能被无限划分的现实事物的唯一领域。

　　对怀特海来说，有两种不同类型的潜能——"纯粹"潜能和"实在"潜能。纯粹潜能是"纯粹"连续体的一个方面，而实在潜能则是"现实"连续体的一个方面。纯粹连续体是无所不包的广延或潜能总体的领域——永恒客体的领域。作为一般潜能的领域，纯粹连续体包括相反的可能。因此，在纯粹连续体中，一切潜能都是同样可能的。纯粹连续体"不是由现实实体决定它自己的分化。它是可分的，但现实实体对它所作的现实划分，依赖于构成先前环境的现实实体的更为特殊的特征"（PR，p.67f）。从其可能的实现问题来看，纯粹连续体的纯粹潜能不包含其决定或实现的充足理由。一种选择和任何一种其他的选择几乎完全一样。只有根据现实事态的决定性排他力量，纯粹连续体本来不确定的关系才能变成实在连续体中的确定关系。

　　作为关系性实体，现实事态构成了将来事态有效的确定性原因。在提供将来事态必须由之而出的形式框架中，过去事态构成了当前和将来必须与之相符的客观或实在条件。（MT， p.89）对于一个当前事态来说，曾在、可能的存在和将来的存在已经由构成其过去的事态明显地加以限制，从而严格地加以决定。正是通过过去事态的限制性活动，当前和将来被赋予了与那过去相一致的义务。

纯粹连续体包括全部潜能的范围，而现实或广延连续体则代表了现实潜能的一般领域，即客观化的或过去的现实事态（及其关系）的领域。作为客观化现实事态的一般领域，广延或现实连续体具有一种确定的实在，这种实在反映了构成它的客观化关系。在这个意义上，广延连续体代表了连续性过去对某个当前事态所具有的"实在性"，这种"实在性"为当前和将来事态规定了与其一般形式或模式相一致的有效义务：

> "这种广延连续体是'实在的'，因为它表现了一个来自现实世界，并且与共时现实世界相关的事实。一切现实实体都根据这种连续体的决定而相互关联，将来一切可能的现实实体都必须在它们与当下现实世界的关系中体现这些决定。将来的实在与该连续体的实在相连。它是潜在之物的实在，就其特性而言，是现实之物的一个实在的组成部分。"
> （PR，p.66）

因此，实在连续体是实在（与单纯的可能相对）关系的领域。和纯粹连续体一样，实在连续体是无限可分的。然而，纯粹连续体包括一切可能的划分，而实在连续体则包括一切现实的划分，即通过客观化或过去的事态的确定性活动而变为现实的划分。因此，纯粹连续体包括相反的潜能，而实在连续体则排除了相反的潜能，因为它完全是由过去全部连续的历史构成的。和纯粹连续体不同，在实在连续体中并非一切都是可能的。实在可能性由从过去事态、模式或结构继承下来的结构加以限制，从而有效地加以决定。这些事态、模式或结构排除了相反的潜能：

> "在纯粹连续体中，存在着相反的潜能；在现实世界中，存在着确定的原子式的现实性，这些现实性在整个现实性领域决定着一个融贯的实在划分系统。在此意义上，每一个与其他现实实体相连的现实实体都存在于连续体中的某个位置，并都源于由这种观点所提供的材料。但在另一种意义上，它在整个连续体中无处不在，因为它的构成包括现实世界的客观化，从而有助于实在潜能，这些潜能的一致性由该连续体加以表现。因此，连续体存在于每一个现实实体中，而每一个现实实体也都弥漫于该连续体中。"（PR，p.67）

在实在连续体中，客观化或过去的事态构成了当前或将来的事态的一个有效的确定性原因（或限定条件）。正是通过由确定的客观化过去所设定的限定条件，世界的一般融贯性和统一性才得以保持：

○ "现实实体使广延连续体解体。这个连续体，就其本身而言只具有分化的潜能，而一个现实实体影响了这一分化。共时世界的客观化，只是根据其子分化潜能及任何这种子分化都将实施的相互观点对那个世界加以表现。这些是任何现实实体的基本支配材料，因为它们表现了一切现实实体如何存在于一个世界的统一性之中。"（PR，p.67）

正如后面将指出的那样，在其最一般的意义上，实在连续体赋予当前事态的义务具体表现了怀特海所说的对和谐的审美要求，即对分立要素相互适应的审美要求："在背景的统一性中相互联结的持久个体的和谐"（PR，p.281）。在与纯粹连续性相对的实在连续体中，过去已为当前和将来开辟出一条道路，一条确定的道路。它们必须通过对和谐的复杂审美要求遵循这条道路。

这样看来，过去的事态绝不缺乏对当前和将来的影响。它们仍然是"活跃的"，因为它们对当前和将来负有确定的义务，并在这种义务中得以保存或永恒化。

○ "宇宙不是一个在玻璃柜中展示其标本的博物馆。"（MT，p.90）

作为现实之物，构成某种过去事态的活动仿佛已经从一个目的性自我建构活动"转化"为一个客观决定的有效活动（或原因）。因此，甚至在其客观化或过去状态中，一个现实事态在某种意义上仍然是"活跃的"，它的活动现在采取的是一种有效原因的形式，而不是一个目的性或自我建构性原因。正是在此意义上活动的守恒得以维持，因为构成一个特定现实事态的创造性活动从未消失，其各种状态都得以保存，并在其满足或消亡的瞬间从一个目的性原因转化为一个有效原因：

○ "'对过去的把握'这一概念意味着：过去是一个消亡了的要素，并且因此仍然是另一状态中的一个要素，因而是客观化的东西。这就是这一概念的全部。如果你得到了关于消亡是什么的一般概念，那么，你就实现了对于记忆和因果性含义的把握，也就实现了对下述含义的把握：我们之所是具有无限的意义，因为当我们消亡之时，我们也就达到了永恒。《过程与实在》就是围绕这一核心思想展开的。"（PRE，p.117）

虽然在其消亡的瞬间，一个现实事态从微观上看是完成了，但作为一个客观的有效原因，这个事态在客观上仍然是未完成的。从客观看来，一个现实事态仍然是未完成的，因为它与一个未完成的超验的将来相关，因为它在这个将来中发挥着有效的作用。正是作为一个客观的未完成之物，现实事态进入了有效因果关系的客观或宏观过程：

"因此，虽然就其微观过程而言是完成的，但每一个现实实体由于客观上包含着宏观过程，所以仍然是未完成的。它实际上经历了一个必然是现实的将来，虽然那个将来已完成的现实性受到了破坏。"（PR，p.215）

当一个现实事态消亡时，虽然它自己有限的目的性自我建构是完成了，但就对将来可能性的决定和实现而言，它客观上仍是未完成的。因此，在向新颖性和将来事态实现的创造性进展中，它仍然是一个确定性因素，保存了：

"在每一个单独的个别事态中发挥作用的宇宙的创造冲动。在此意义上，将来内在于每一个当前事态，它与当前的特殊关系以各种不同程度的支配性固定下来。但任何将来的个体事态都是不存在的。所有先行命题，都关注于当前事态的构成及其他所固有的必然性。这一构成要求必须有一个将来，必须有一定份额的贡献，以便在将来诸事态的初期阶段加以再现。

"关键是要记住，每一个别事态均被创造性冲动所超越，这一事实属于每一事态的基本构成。它并不是一个偶然事件，仿佛与任何这种事态的已完成构成无关。"（AI，p.193。另见中译本第225—226页）

如果放在更广泛的前后联系之中，那么，现实事物的"实在"连续体，就应被理解为"生产过程中的一种未完成（状态）。因此，宇宙在现实事物方面的扩展是'过程'的首要意义"（PR，p.214f）。

创造的进展与自然规律

一个现实事态必须与之相符的被继承模式是一系列复杂因果关系的结果，这些因果关系自己的先行活动产生了受动事态当前的客观义务领域。用更通俗的话说，被继承模式是现实事态间复杂关系的一段漫长历史的结果。在我们这个时代，这一复杂过程产生了一般被称为"自然规律"的相对稳定的继承模式。

在怀特海看来，自然规律是通过现实事态的大"社会"典型地表现出来的规则的被继承模式。一个"社会"就是现实事态的一个大环境或大领域，这个环境或领域展示出一种持续的自给的模式或秩序。在怀特海看来，从本质上看，仅仅一个社会的存在便假定了规律的齐一性：

> "因此，对它的每一个成员而言，一个社会就是一个具有某种秩序要素的环境，该环境因其自己成员之间的遗传关系而得以继续。这种秩序要素便是社会中所盛行的秩序。"（PR，p.90）

我们一般称为因果规律的东西，就是从现实事态社会中的复杂关系产生的持久模式或秩序。

如前所述，一方面，每一个现实事态本身都是由其确定性过去的有效条件所塑造的；另一方面，每一个事态在维持和修改它所继承的确定模式中也发挥作用。在一个现实事态的社会中，这种确定模式只呈现为一般规律（以及一个持久客体或系统）的形式。然而，正如前面所描述的更简单的模型一样，尽管社会中的每一事态本身都将由那个社会流行的一般规律所塑造，但每一事态也都将在维持和修改它所继承的一般规律方面发挥自己的作用：

"必须记住：正如关系修改着被关系者的本质，同样，被关系者也修改着关系的本质。关系并不是一个共相，它是一个具体的事实，具有和被关系者一样的具体性。原因内在于结果中这一说法就证明了这一概念。我们必须发现一种自然学说，它既表达物理作用与精神作用、过去与当前的具体相关性，也表达个别看来彼此不同的物理实在的具体合成。"（AI，p.157。另见中译本第 183 页）

　　虽然作为社会继承的普遍模式，自然规律有助于塑造现实事态的本质，但在它们所表达的现实事态间的关系之外，这些规律本身没有任何实在的或现实的力量：

　　"支配一种社会环境的因果规律是那个社会规定性特征的产物。但社会只有通过其个别成员才是有效的。因此，在一个社会中，其成员只有通过支配该社会的规律才能存在，而这些规律也只有通过社会成员的类似特征才能存在。"（PR，p.90f）

　　无论其特殊性如何，无论它们持续的时间有多长，自然规律完全是现实事态间复杂关系的必然特征。除非与它们由之而出的现实事态具有某种关系，否则这些规律就不会存在。因此，自然规律只和它们由之而出的社会一样实在，并且只有当那些社会继续保持最小限度的模式粘合时，自然规律才会继续存在。一旦这些社会开始瓦解，即一旦支配现实事态出现的被继承模式被修改到这种地步：它开始瓦解或失去其确定性有效力量，那么，与那些社会相连的规律就将不再是实在的：

> ○　　"因此，在宇宙的某个部分支配着再生产的'规律'系统逐渐占据支配地位，它有自己的持续期，并随它由之而出的社会的衰败而退出实存。"（PR，p.91）

对怀特海来说，自然规律既是内在的，又是强加的。说它是内在的，因为自然规律是现实事态间复杂关系的必然特征。把握自然规律必然要求理解那些规律所涉及的现实事态或实体的基本特征。自然规律是它们所涉及的个别事态的实在的必然特征，就此而言，这些规律将构成说明性而非单纯描述性原理或条件（AI，p.113）。然而，尽管自然规律的确是实在的说明性原理，但它们仍然只是和它们由之而出，以及它们所涉及的继承关系一样实在。

自然规律也是强加的，因为它们表现了一个现实事态必须与之相符的一套确定的限制或继承模式（即有效因果关系）。一个现实事态必须与之相符的复杂继承模式是由因果效验关系强加于那个事态的，而这些因果效验关系，据说就存在于当前事态和它的过去之间。过去强加了一种当前和将来事态必须与之相符的继承模式。

在宣称自然规律既是内在的，又是强加的过程中，怀特海只是在坚持在他看来是西方传统的一个主要观点。（AI，p.121）内在和强加要素的融合使他在一个内部关系框架中肯定了一个必然的、柏拉图的说服要素。构成客观化过去的有效关系所固有的、说服的力量构成了"服从规律的一个保证人"，这种规律本身只不过是它所涉及的现实事态的内在表达。正是通过强加的规律学说，怀特海才能够肯定自然的连续性。

尽管强加的规律学说在帮助维持自然界的充足秩序方面发挥了自己的作用，但对规律的一般服从并不因此意味着规律的统治是绝对的。虽然现实事态必须服从它们与之相连的客观的过去，但在自我建构的综合行为中从未达到与过去的绝对一致。这不是因为过去的某种东西被遗失了，而是因为某种东西被加到了过去之上，即在当前和将来事态中得以实现的形式的新颖性。（PR，p.286）如前所述，在自我建构性生成行为中，由继承事态加以综合或现实化的复杂模式照原样从客观化的过去直接继承而来：

〇　　"经验中的世界与经验外的世界一样，经验事态在世界中，而世界也在事态中。"（AI，p.228）

正是通过这些直接共享的关系，过去、当前和将来之间的连续性才得以保持。然而，尽管被强加于一个当前事态的继承模式必须被作为那个事态确定性质的一部分加以接纳，从而保证对规律的服从，但从继承过程中产生的东西决不能被归结为其被强加的继承模式。因为每一个现实事态必然成为对其过去的一种新颖附加，从而在自然的创造性进展中保证形式的新颖性。

作为对其后继事态的一种连续而新颖的附加，一个现实事态与其先行事态不仅处于一种连续的关系之中，还处于一种差别的关系之中。在这个意义上，每一个现实事态都既是老事物，又是新事物：

> "已实现的事实中，没有任何东西与其先前的自我保持完全一样。已实现的事实领域中，这种自我同一性只是部分的同一性。就某些用途而言，它是有效的。它支配着某些种类的过程。但在其他类型的过程中，差别则是重要的，自我同一性只是一种有趣的虚构。"（MT，p.94f）

在一个事态自我建构的微观层次上，被继承的"多"变成了"一"，并在某个时刻为"一"所增加。正是通过这一过程，自然展现了下述双重性质：连续性与可分性、同一性与差异性、被决定与自我决定。至于双重性质中的哪一方更为重要，这取决于作为观察者的我们对它们的兴趣或关注：

"完全的自我同一性绝不可能在向新颖性的任何进展中得以保存。唯一的问题是，这种丧失是否与论证的目的相关。"（MT，p.107）

对于理解怀特海对生命和自由的解说而言，连续性和可分性、同一性和差异性、被决定和自我决定这些双重要素至关重要。现在，我们就转入这一主题。

生命：争取自由

"因此，进化机制的关键是这样一种必要性：在任何特殊种类的持续有机体进化的同时，进化出一个有利的环境。任何物理客体，如果其影响导致了环境的恶化，那么都是在自杀。

"要在个体有机体发展的同时进化出一个有利的环境，最简单的方法之一就是，每一个有机体对环境的影响都应当有利于其他同类有机体的持续。此外，如果该有机体也有利于其他同类有机体的发展，那么，你就已经获得了一种适于产生下述观察状态的进化机制：有大量具有高度持续能力的类似实体。

因为环境自动地与物种一起发展，物种也自动地与环境一起发展。"（SMW，p.109f）

对怀特海来说，生命就是争取自由，争取表达的新颖性，争取更多的自我决定而不是被决定。一个个别事态构成中的自我决定或自我建构程度越大，那个事态中的自由度也就越大。要想进化出一种增强的自我决定能力，关键之一就是共同进化出一种环境，它有利于这种活的自我决定性事物的持续。正是在发展这种有利环境的活动中，我们发现了大批自立的持续性"类型"，因为这些类型为组成自身的个别事态构成了一个自立的框架。

一个活的有机体（如人的身体），就是这种自立的框架、"关联"或"社会"的一个例证。像人的身体这样一个复杂有机体就是由个别现实事态的一种关联构成的，与这些个别现实事态一起存在于一个相互依赖的广延关系网络中。某些高度复杂的有机体还将具有支配性的定向中心，帮助协调或指导整个系统的运行。意识的或自我意识的主体，就是这种支配性定向中心的一个例子。但对怀特海来说，"自我"只是构成身体有机体整体的很多相互依赖的事态中的一个。这样一个事态"社会"，只有在有助于同类有机体的一般环境中才能得以维持和繁荣。因此，哪儿有一个特殊类型的有机体，哪儿通常就有多个这样的有机体，因为多个有机体将有助于一个有利于每个有机体繁荣环境的构成和维持。

在怀特海看来,我们当下的宇宙是由四个"等级"的现实事态构成的,它们彼此之间并无严格区分:

"第一,最低等的是所谓"虚空"中的现实事态;第二,是作为持久无生命客体生命史构成要素的现实事态,如电子和其他原始有机体;第三,是作为持久生命客体生命史构成要素的现实事态;第四,是在作为具有意识知识的持久客体的生命史中构成要素的现实事态。"(PR,p.117)

代表"虚空"的等级是由这样的事态构成的:"对它们来说,'显现的绵延'是其材料中可以忽略的要素"。这些事态不在任何重要的意义上持留,因而表现为"虚空"的一般领域。

第二等级,即持久无生命客体,包括这样一些事态:"对它们而言,'显现的绵延'是其材料中的重要成分",但只有最小量的个人添加。支配这些要素的是对一致性的要求和机械决定的一般原理。它们表现为无生命客体或"物质"的一般领域。

在第三等级,即"持久生命客体"中,我们看到的是这样一些事态:"在它们身上,表象的直接性呈现出某种增大了的精确性,因此,'符号传递'开始重视'显现的绵延'中被精确加以区分的领域"。与持久无生命客体不同,在持久生命客体中，作为构成生命有机体的事态社会自我建构中的一个支配性要素出现了审美添加。随着越来越多的审美添加，环境关系的一般领域中"选择出来的"要素受到重视或被给予更精确的规定或关注。因此，审美添加为生命事态的特性附加了一个新的维度，即把"自我兴趣"的发展作为构成有机体整体的当前事态和事态社会发展中的一个决定性原则，而在非生命事态中，这种维度多半是不在场的。在生命有机体中，事态社会不再仅仅重复它的前件给予它的材料。相反，事态社会"选择"材料及其整个环境的某些特征，并以此为手段推动有机体正在形成中的"自我兴趣"，这里的有机体被视为一个由彼此自立和相互依赖的事态构成的社会。因此，由"选择出来的"关系构成的更为精确的领域，将表达出实在连续体中的那些要素，这些要素对该有机体特别重要，从而使"微妙的自我保存活动"成为可能（PR，p.178）。

最后，在第四等级，即"具有意识知识的持久客体"中，审美添加又为理智添加所加强，后者作为另一个支配性特征进入这些事态的自我建构之中。这里，我们拥有了对"可能性"的想象享用这样一个附加要素，"凭借这个要素，通过与纯粹潜能的想象实现进行比较，盲目的经验得以分解"（PR，p.178）。由于对可能性的强调，即通过用其他的可能性补充过去的决定，当前事态就获得了更大的灵活性和自由，从而在决定它最后的满足状态方面获得了更大程度的自我决定。通过用对其他可能性或理想的享用和选择去补充它自己的自我建构，当前事态也可以在决定或指引将来事态方面发挥更个性化的作用，为将来事态制订一种义务，使之符合它自己的理想。

由于可能性领域超出了现实性，所以，对可能性的所有克制的接纳，便允许上述这些事态把它们自己的活动"引导"到想象的理想上去，从而赋予它们更大的选择能力。与这种选择同时而来的还有出错的可能性，即所遵循的理想缺乏经试验证明切实可行的、实际的进化上的好处。然而，一般说来，从对可能性的想象享用中得到的好处远远超过了这一危险：

⭕ "理智在进化上的优势是：它能使个体从错误中受益，而不是死于错误。"（PR，p.168）

在怀特海看来，"思想增长"是以向越来越大的抽象性的进展为特征的（如数学），它是一个由判断加以控制的想象享用的过程：

⭕ "理性的增长，就是用以控制想象享用的批判判断变得日益重要。"（PR，p.178）

一般说来，可以公正地说，哪儿有生命，哪儿也就有日益不同于过去的新颖和变化，因为与生命俱来的是日益增强的自我决定能力，即在一个个别事态特殊的自我决定或微观自我建构中所发挥的日益重要的作用。由于越来越强调不同于前在决定的自我决定和个别变化，因此生命系统将越来越不能受规律的说明或描述。因为按照怀特海的分析，规律的可应用性与向新颖性的进展速度成反比。就宇宙的大部分而言，向新颖性的进展速度既是相对说来不重要的，也是稳定和缓慢的。结果，适于宇宙中大部分要素的自然规律将倾向于相对稳定，并且变化缓慢。因此，尽管变化是不可避免的，但在自然的一般序列中，这种变化一般说来是盲目的（即任意的或偶然的），更强调一致性而非新颖性、连续性而非差异性。结果，就宇宙的大部分而言，规律的统治将是通则。只有在生命事物中，我们才发现一种更具目的性，并且指向自我变化的强有力证据，一种对一致性中的新颖性、连续性中的差异性的强烈强调。因此，也只有在生命事物中，我们才能发现更复杂自由表现的最清晰例证。

因为无生命系统倾向于受稳定继承模式的支配，在这里，不同阶段之间的变化既是渐进的，也是不重要的，所以，在无生命系统的一般过程中，居支配地位的表达方式将是有效因果关系原理。事实上，因为被继承模式在稳定程度上的不同，所以目的性因果律的作用看起来完全不存在于该过程之中，从而产生出下述错误观念：自然的物理力量可以完全根据有效因果律的机械论原理得以说明。然而，对怀特海来说，尽管有效因果律可能是自然的一个必要条件，但它却不是自然的一个充分条件，因为有效因果律本身不能恰当地解释自然创造性进展中复杂的自由表现。因此，尽管在无生命系统中有效因果律可能看起来居支配地位，但人们必须记住目的性因果律的永恒立场，将之视为一般过程中一个基本的必要因素，无论这些过程可能（或者看起来）多么微不足道。

无生命系统受有效因果律和与自然规律相一致的通则的支配，生命系统则是由目的性因果律的内在过程中日益增强的复杂性程度所决定的。如前所述，在自然中，我们既发现了连续性，又发现了差异性。在无生命系统中，连续性倾向于居支配地位，而个体性、差异性和创造性进展倾向于降至最低。而在生命系统中，连续性依然重要，但现在却为下述因素所抵销，即在增强这些差异性的过程中日益强调个体差异和创造性进展。就其最一般的意义而言，生命的出现表明：在自然的创造性进展中，差异性和新颖性作为支配性特征的地位和作用日益增强。因此，生命的发展，最好被理解为个别事态发展中各种不同关系的一种强化。

在怀特海看来，生命的出现代表了与一个事态的微观发展相关的目的性活动（以及与并列过程观念相关的有效活动）的增加。目的性活动的这种增加，被表现为与一个现实事态的自我实现或自我建构相关的发生过程在复杂性方面的增长：

○ "生命的本质，就是对新颖性的有目的引入，并使各种目标达成某种一致。因此，环境的新颖性与适于目的稳定性作用的新颖性相遇。"（AI，p.207。另见中译本第 242 页）

在一个事态的自我发展中，微观阶段越复杂、越居支配地位，该事态自我组织的目的性活动在使自身成形方面所起的作用就越显著。随着发生过程在复杂性方面开始增长，在新的当前事态及其过去之间产生了一种成比例的对比关系，导致了对于当前事态独特性或个体性的日益强调。最后，当前事态不是仅仅作为综合继承的盲目的"机械论"中心，而是发展为一个复杂的综合"注意"、"关注"或强烈"情感"的中心，一个关于它自身与其过去之间强烈对比的自我组织中心。当前事态与其过去之间的强烈对比最终变得如此强烈，如此活跃，以至于该事态仿佛变"活了"：

○ "单纯的刺激反应是一切社会的特征，无论是无机物，还是有生命物质。作用和反作用密不可分。生命的特征是在各种不同情况下与对强度的把握相适应的反作用。但这种反作用由当前所控制，而不是由过去所支配。它是对生动直接性的把握。"（PR，p.104f）

因此，生命的特征就是对独特之物或新颖之物直接性的日益强调，这种独特之物或新颖之物既与过去形成对比，又是过去的延续。它把自身表现为自我决定力量的增加，而这种力量是一个特殊事态个别构成中的一个决定性尺度。这样看来，生命就是通过加强审美和理智的添加阶段在一个事态自我发展中所起的决定性作用，而克服先行的必然性。

因此，在怀特海看来，生命不能像近代进化论所说的那样被解释为单纯的生存竞争。相反，生命的出现是由下述双重力量加以规定的：耐力或生存竞争，趋向日益强烈的感觉或自我享受。换言之，对生命出现的恰当解释必须包括审美的"自我兴趣"，而在更复杂的有机体中还必须包括事态的理智理想，即争取越来越大的自由或自我表现——使自己的活动和个体性超出过去的束缚，保持和增加对差别的感觉强度和表现的新颖性。对这种新颖性的发展而言，关键是伴随这一发展的主观"感觉"强度的增加，即这种变化对于作为一个评价性综合定向或"关注"中心的事态所具有的日益重要的意义：

"单就生存而言，一块具有大约 8 亿年历史的岩石，远远超过了任何国家所达到的短暂时间跨度。生命的出现，最好被视为有机体对于自由的争取，对于某种个体独立性的争取，即它们具有不能仅从环境束缚方面加以解释的自我兴趣和活动。"（SYM，p.65）

生命表现为对于与过去相对的当前和将来评价性关联（或目的性关注）的日益强调。换句话说，生命将自身表现为对于新颖性或创造性的追求，并以此为手段保存和增加一个事态审美关系的强度。

表现在一个"活的"社会中的创造性或新颖性，其与众不同之处在于：它在"主观形式"的传递或继承过程中表现出日益增加的干扰水平。这种干扰与当前事态中日益增加的新颖性或差异性比例相关。因此，生命作为新颖性不应存在于被继承的结构或主观形式中，而是存在于当前事态及其客观化过去之间的间隙或新的差别之中。在过去和当前间的"统计学平衡"中仿佛存在着一种一般的干扰，所以，"物理影响在虚空中的传递，未能完全符合适用于无机社会的物理规律"（PR，p.106）。当前事态的目的性活动，在决定它将成为何物方面起了越来越大的作用，为支配其特殊表现或满足方式的条件添加了更多属于它自己的内容。

也是由于当前事态在决定其最后满足状态（即决定其微观将来）中所起的越来越大的作用，生命可以说代表了对于自由的争取。随着生命的出现，当前事态在决定其最后个体性质方面有了更大的自我决定的自由。在当前事态日益增强的创造性或个体性方面，它有了更大的自由。

随着理智添加在一个事态自我发展中所起作用的不断增大，在当前事态所进行的越来越多的选择中又附加了具有更大"决定"自由的审美"享受"。这些更"理智的"有机体表现出对于将来的日益"关注"，这种关注表现为居支配地位的协调中心的渐次出现，来协调由构成有机体整体的相互依赖的事态所组成的社会。"认知主体"或"自我"是这种支配性协调中心的一个特别复杂的例子。这些"意识"形式的自我建构的发展，代表了向新的表现和个体自由的进一步转向。

在怀特海看来，正是这些支配性协调中心的出现，才把动物生命与植物生命区分开来，因为植物生命缺乏：

> "任何一个或者在接受的表达方面，或者在先天材料方面具有高度复杂性的经验中心。植物是一个民主政体，而动物则是由一个更高的经验中心所支配的……

> "这样，一个动物的身体展现了至少它的一个构成性表达活动的有限支配地位。如果支配活动被与身体的其余部分分开，那么，全部协调就会崩溃，动物就会死亡。而就植物而言，民主政体可以被进一步分为若干小民主政体，它们可以很容易地存活下来，没有功能性表达的明显丧失。"（MT，p.24）

然而，和自然的大部分情况一样，动物和植物之间的划分是一种程度上的，而不是种类上的划分。所以，如果发现植物中有某些"支配的痕迹"，那么在动物中有"某些民主独立性痕迹"，我们就不应感到奇怪了。此外，一般说来，如果说一个植物社

会类似于一个"民主政体","高等动物的身体则更像一个只有一个封建君主的封建社会"。(MT，p.25)

随着人类的进化，"自然仿佛冲破了它的另一条界线"。随着人的出现，我们在现实事态的微观自我发展中发现了高度的理智添加。如前所述，这种对理智添加的强调呈现为对纯可能性的想象享用的形式：

> "对于未实现的可能性的概念享用，成为人类精神中的一个主要因素。这样，惊人的新颖性被引发了出来，它时而被捧上天，时而受到诅咒，时而以书面形式获得专利或受到版权的保护。人的定义就是：在这种动物中，中心活动在它与新颖性的关系这一方面得到了发展。"(MT，p.26)

人所特有的对于可能性的想象享用表现为：

> "对于选择的享用。在其最高发展中，这变成了对于理想的享用。它强调了价值的感觉……这种感觉以不同的种类表现出来，如道德感、宗教的神秘感、对调节的精妙之处的感觉（即美）、对相互关联之必要性的感觉（即理解），以及对每一要素进行区别的感觉（即意识）。"(MT，p.26)

对于可能性的想象享用，考虑到了自由或自我决定的最复杂的表现形式，因为这些考虑允许按照自我建构的理想协调各种活动：

○　　"一个人的生命，从未实现的理想塑造其目的、影响其行动的方式中获得它的价值和意义。"（MT，p.27）

在这种协调活动的进化中，首要的步骤是被称为"表象直接性"的知觉模式的发展。因为正是在"表象直接性"的一般框架中，世界被明确地划分为定向的或意向性自我关注的易操纵领域。

知觉：因果效验和表象的直接性

在怀特海看来，有两种基本的知觉模式或形式：（1）因果效验；（2）表象的直接性。因果效验是这样一种知觉模式：把事物知觉为我们的直接经验必须与之相符的所与条件或决定因素。而表象的直接性则是这样一种知觉模式：把事物知觉为从一个特殊的定向中心或观点出发，在空间上或几何学上加以"投射"的东西。两种知觉形式都是"客观化"的形式，即都是对作为知觉者个体经验中"客观"要素的其他现实性的表达。在两种知觉中，因果效验是首要的和更源始的，而表象的直接性只是作为更高等、更复杂有机体的一个突出知觉特征而出现的。

因果效验这种知觉模式是"持续的"，又是"模糊的、无法摆脱和不可更改的"，它充满了"价值"感（SYM，p.30，p.44）。它是一种"沉重的源始经验"，携带着一种"命运感"，即"它们的过去和将来都是命运的安排"（SYM，p.44）。正是通过因果效验这种知觉模式，我们把世界经验为具有时间广延性的东西，因为我们所经验的就是从过去到当前、再向将来的力量或推力。正是通过因果效验，我们感觉到了与过去和世界整体的关联，为我们的经验提供了"世界中的更广泛关系"（SYM，p.24f）。重要的是，作为一种知觉模式，因果效验本身不是这样一种信念：事物是被决定的。相反，因果效验是我们对于关系的决定状态这一信念的源泉。它是对从过去到当前、再到将来这一确定力量的直接知觉或"直接确认"。用怀特海自己的话说，"因果效验就是既定的过去参与到当前的形成之中"（SYM，p.49）。

由于当前事态绝不是先行决定因素的被动产物，而是对于那些决定性条件的主动接受，所以，过去与当前的关系可以被刻画为对当前的决定，或者使当前与过去相一致的义务。这种义务或决定状态的感觉含义就是因果效验的知觉模式。因此，关于当前的经验决不仅仅是关于"现在"的经验，而是关于由过去所决定，并朝向将来的"现在"的经验。正是通过这种因果效验或与他物的时间性关联，我们才获得了具有"内在生命和自身丰富内容的他物的意义"（SYM，p.57）。

也是通过因果效验这种知觉模式，世界，或者至少是世界的某些方面，作为"残酷的事实"出现于我们面前。由因果效验传达出的残酷事实的含义，产生了我们都感觉得到，但又难以表达的"工业力量实在论"的含义。因果效验是实在论者肯定，以及唯物论者对某种独立于心灵的"材料"固执肯定的根源或根据。这里的论据可能简单了一些，但我认为论点还是十分精妙的。对怀特海来说，因果效验是实在或现实事实的一个基本方面，也是我们下述感觉的根源：我们经验中的某物是作为一种决定论的约束被"给予"我们，或置于我们之上的，它决定了我们如何知觉、理解和经验世界。然而，虽然因果效验是实在的，但由于它的表象方式只是某种被模糊地感觉到的东西，所以，我们有时候倾向于忽略或者低估其在经验整体中的价值或实在性。这在很大程度上是由于在高等有机体中，因果效验的力量被第二种更居支配地位的知觉模式，即表象的直接性遮蔽了。

表象的直接性是这样一种知觉模式：它所关注的是作为共时事物主导世界的空间排列的几何学领域。表象的直接性关注的是"常识"的世界，其中的日常客体都得到了清楚的区分和规定，这是一个由客体及其可区分的特征构成的世界。表象的直接性是典型地与感觉相连的知觉模式：

"关于表象直接性的主要事实是：（i）相关的感觉材料依赖于知觉有机体，以及它与被知觉有机体的空间关系；（ii）共时世界，被展现为一个充满有机体的世界；（iii）表象的直接性只是一些高等有机体经验中的一个重要因素，对其他有机体而言，它是不发达的或者完全微不足道的。"（SYM，p.23）

　　表象的直接性为我们提供了支配我们知觉经验的广延的、空间的和共时的关系领域。它就是笛卡尔和休谟的知觉世界，由"感性—知觉"同时揭示的直接材料的世界。（SYM，p.21）通过表象直接性所知觉到的世界是由几何关系和可辨别特征构成的清楚明白的共时世界。它是一个具有表象清晰性的精确划分的世界，它的特征反映并服务于知觉者的兴趣。（SYM，p.14；PR，p.124）

　　因果效验这种知觉模式是模糊的，主要被刻画为一种向量感觉，而表象的直接性则为我们提供了一个清楚划分和精确分化的世界——一个无向量关系的世界。它把我们环境中那些对一个有机体具有特殊意义的特征带入经验的前景之中。因此，表象的直接性应当被理解为有机体的这样一种行为方式：对世界加以划分，使之服务于其复杂的、高度进化的自我兴趣。然而，尽管表象直接性的世界可能是清楚而精确的，但只有通过对来自经验或环境整体的苦干因素加以抽象或强调，才能达到这样大的清晰度。在集中于经验的某种特征的过程中，表象直接性的抽象世界将因此倾向于排除或略去经验的其他因素，这些因素可能对该有机体的特殊兴趣"价值"较小，从而作为"背景噪音"被人们所忽略。例如，与充满感觉的因果效验不同，表象直接性的世界虽然精确，却缺乏生气；虽然清楚，却缺乏生命。它就是休谟所描述的世界，一个由缺乏因果效验的原子化关系构成的世界：

○   "休谟关于因果关系的争论，实际上是下述令人信服的论点的一种延伸：纯粹的表象直接性不能揭示任何因果影响，无论是一个现实实体借以构成知觉现实实体的那种影响，还是一个被知觉的现实实体借以构成另一个被知觉的现实实体的那种影响。结论是：就其被表象直接性所揭示的情况而言，共时宇宙中的现实实体从因果关系上来说是彼此独立的。"（PR，p.123）

在两种知觉模式中，因果效验是首要的，并且是一切现实事态的一个特征，而表象的直接性只存在于复杂的有机体中，它们具有若干高度专门化的、自私的、与世界进行互动的模式：

> "感性—知觉主要是更发达的有机体的一个特征，而一切有机体都有因果效验的经验，它们的活动就是这样由其环境所决定的。"（SYM，p.5）

在怀特海看来，尽管因果效验可能是两种知觉模式中更源始、更重要的一种模式，但哲学家们（如笛卡尔、休谟和罗素）常常关注的却是表象的直接性，将之作为主导性或特权性知觉模式。一般说来，很多哲学家都倾向于忽略与因果效验相关的更内在的情感，而关注于表象直接性这个更生动、更清楚地加以界定的世界，这个世界被精确地划分为各种几何关系和可辨别的属性。近代科学的机械论世界观，以及哲学家对主词—谓词、实体—属性这些描述方式的固着，都是下述错误的直接结果：把表象直接性置于因果效验之上，把表象直接性这种知觉模式视为源始的或首要的：

> "很显然，'因果效验这种知觉模式'不是在哲学传统中已经受到主要注意的那种知觉。哲学家们轻视通过他们的内在情感获得的宇宙信息，而是集中于视觉方面的情感。"（PR，p.121）

由于集中于通过表象直接性的几何关系所揭示的世界，于是我们以一个由缺乏生命、缺乏关于"固执事实"的因果力量的单纯机械论关系构成的世界而告终，这个世界是一个缺乏创造性自我决定和因果效验的世界。只有在因果效验而不是表象直接性这种知觉模式中，我们才能遇到下述"固执事实"：

> "现实世界的所与性是既限制着现实事态，又为其提供机会的固执事实。在对社会关联的大量复制中表现出来的对创造性冲动的牵引，对于常识来说，是固执事实的力量的最终说明。此外，在我们的经验中，我们从本质上说源于我们的身体，而我们的身体是直接相关的过去的固执事实……我们由固执事实支配着。
>
> "正是在这种'固执事实'方面，近代的哲学理论是最软弱无力的。哲学家们所担心的是遥远的后果及科学的归纳方案。他们应当把注意力局限于当下变迁的急迫性。那样，他们各种说明本来的荒谬性便会暴露无遗。"（PR，p.128f）

对怀特海来说，表象直接性的无向量几何世界不是经验的首要根据。由各种贫乏关系和机械论分析描述所构成的当下共时世界，实际上只不过是世界整体的一个片断，一个旨在服务于一个有机体的特殊兴趣（即试图确保越来越高的持续性程度和知觉经验强度）的专门化的抽象。实在的世界，即作为表象经验现实根据的世界，是通过因果效验这种更为内在的知觉模式所揭示的世界，一个表现为自我决定和因果效验这双重力量的创造性活动的审美世界。正是从这个能动而又模糊的更内在的审美关系或情感世界，最终产生了表象直接性这个更加生动和精确的世界。表象直接性没有为我们提供关于这个微妙复杂世界的一种观点，它所看到的世界反映了特殊有机体的兴趣和目的。表象直接性的首要功能是弄清楚通过因果效验所揭示的对像我们这样有生命的存在者有特殊价值的那些世界要素。因此，尽管表象直接性可能为我们的世界添加更大的清晰度，但我们哲学事业之恰当性的最终检验标准，却存在于因果效验这种模糊的，但更为内在的经验之中。

自由、美与真理

自由的多样性

奇怪的是，在勾勒其创造性哲学的过程中，怀特海很少进入对于自由问题的详细分析之中。然而，这一点可以很容易通过下述事实得到说明：对于怀特海来说，各种形式的自由观念，只不过是更一般的创造性概念的一个特例。因此，在发展一种创造性哲学的过程中，怀特海实际上也就是在发展一种自由哲学。

与康德、黑格尔、谢林等人不同，怀特海不是把人的自由，而是把更一般的创造性原理设置为究极的哲学原理。通过把创造性，而不是人的自由作为他的究极原理，怀特海能够发展出这样一种形而上学体系：它是动态和充满生命的，但同时又避免了把意识作为全部自然必须绕之旋转的"阿基米德点"这样一种唯心论倾向。对于怀特海来说，自然本身就是创造性的，并把其实存条件完全包含在自身之中。特殊形式的人的自由（如意志自由或自我决定自由），只不过是这种自然创造性特殊的、高度复杂的表现或例证。

尽管自由的具体表现方式被理解为创造性的特殊种类或例证，但自由观念在怀特海的思辨体系中仍然占据极为重要的位置。在现实事态微观结构中被区分出来创造性的更专门化的表达方式本身，最好被理解为后来更复杂的自由表达方式所由之而出的源始条件或基础。创造性这些专门化的表达方式包括：自我决定的自由、自主的主观统一性的自由，以及"决定"的自由。

如前所述，现实事态的一个决定性特征就是其自我决定或自我建构功能。一个现实事态就是一个从其效验前件给予它的材料所进行的有限的自我建构过程。由于在此有限的意义上，现实事态本质上就是自我建构或自我决定的，因此，一切现实事态都是"自由的",即都具有不可归约的自主或自发行动的能力——自因。在为一切现实事态所特有的自我建构活动或功能中表现出来的自我决定的自由,是创造性的一个首要表现方式。后来更为复杂的自主形式如意志自由,都应根据现实事态的这一决定性特征加以说明。

除了具有自我决定的能力外,现实事态还被规定为综合活动的中心。现实事态正是通过综合活动,实现了为它所独有的、特殊的自主统一性——一种新颖的综合"观点"的统一性。作为一个价值的或审美的"观点",一切关系都应被规定为"关于"该事态的关系,即在这些关系中,该事态主观形式的独特性和新颖性构成了注意或"关注"的一个场所。作为一个新颖的综合活动中心,一个现实事态获得了某种主观统一性的自由,即一个独特活动中心的自由。由于该活动中心完全是独特或新颖的,因此它从内部看来仍然是与众不同的、个别的,并独立于其一般环境。后来更为复杂的主观自由形式(如斯多葛派所表达的沉思的自由),应当根据一切现实事态的这一普遍特征加以说明。

创造性活动的第三个重要表现是选择或"决定"的行为或力量。这种行为或力量,根据它们对现实事态的意义或"重要性"被从价值上区分开来。"决定"行为代表了这样一种力量:对广延性框架的无限可分性进行超越,或为其设置确定性限制,以便可以产生某种现实之物。用芝诺的一个著名悖论来说,决定行为是使矢有可能中的，因为按照本体论原理，现实性必须始终先于作为一般可分性的根据或条件的可能性。

在怀特海所勾勒的创造性框架中，广延连续体的无限可分性，完全是由它由之而出的先行或过去现实事态领域的创造性活动所决定的。这个创造性活动中的一个基本因素就是"决定"的活动或功能，即在构成一个事态被继承的处境的各种可能性中间划出或实现确定界线的过程。世界的可分性本身就是过去事态所作决定的一种表现，其连续可分性及其当前的现实划分完全依赖于某个当前事态的连续活动。这种依赖关系中所包含的就是决定行为，通过它，当前事态从其一般环境中区分或分割出来。自我决定活动代表一个事态的自主活动；决定行为代表该事态的选择活动、描绘性自我分化活动，凭借这种活动，被继承的可能性在当前事态中成为现实性。因此，决定的自由是这样一种创造性活动，它使某种现实和确定之物得以出现，或从继承下来的种种不确定可能性中"钻出来"。因为在怀特海看来，在此意义上，一切现实事态都是主动的，所以，一切这样的事态可以说都具有"决定"的自由，即一种作为选择自由的更复杂表现形式的条件或根据的活动形式。

在怀特海看来，自由的真正价值不存在于诸如出版自由或言论自由这样的观念中。相反，自由的首要表现是创造性地介入自然的正常而有效的运转中的能力：

　　　　"当我们想到自由时，我们倾向限于思想自由、出版自由和宗教观点的自由。于是，对于自由的限制，便被认为完全源于我们同类的对抗。这是完全错误的。物理自然的大量习惯及其铁的规律决定着人类苦难的舞台。"（AI，p.66。另见中译本第78页）

自由不单纯是服从自然规律；自由也不存在于对物理规律统治的让与中。相反，在有生命有机体中表现出来的更复杂形式的自由，代表了对物理规律、对必然性铁一般统治，以及对自然习惯的挣脱。如前所述，在怀特海的体系中，生命本身就"是对宇宙重复机制的一种冒犯"（AI，p.80f）。人的自由只不过是一种更复杂形式的冒犯，一种克服自然规律统治的努力。因此，自由的首要表现，不存在于与更复杂形式的文化相关的那些高度自由概念中，而是存在于与抵制自然规律的统治这一最基本努力相关的自由概念中：

　　　　"自由的本质就是目的的可行性。人类的痛苦主要来自其普遍目的的受挫，这些目的甚至包括给它的物种定义之类的事。自由的文学说明所处理的主要是其表皮。希腊神话要更为中肯。普罗米修斯并未给人带来出版自由。他设法为人弄到了火，满足

○ 了人做饭和取暖的目的。实际上，行动自由是人的首要需要。在近代思想中，对这一真理的表达采取了'对历史的经济解释'的形式。"（AI，p.66。另见中译本第 78 页）

自由并不与自然规律相一致，而是对自然规律的克服，对新的行动可能性的引入，这使人摆脱了习惯的束缚。自由是力量，但它不仅仅是支配或控制的力量。相反，它是自我建构的力量、决定的力量和目的统一性的力量。

当然，在与生命的出现相关的复杂的自由表现形式的发展中，没有什么特殊或不自然之处。因为在这里，自由和生命像决定和因果规律一样自然。有生命事物和无生命事物之间的差别是程度上的，而非种类上的：

○ "一个有组织的社会或多或少具有'生命'……在'有生命'和'无生命'社会之间没有绝对的差别。"（PR，p.102）

有生命之物和无生命之物，都是同一个一般过程的表现。

对怀特海来说，自由的发展最终源于这样的事实：自然本身是可塑的。人类只是这种一般可塑性的最清晰表现。

"自然是可塑的，虽然相应于精神的每一种流行状态，必有一个铁的一般自然为生命设置限制……那种把人和自然并列看待的想法是一种错误的二分法。人是自然中的一个要素，这种要素最强烈地表现了自然的可塑性。可塑性就是对新法则的引入。"（AI，p.78。另见中译本第91页）

　　自由并不与自然相冲突，也不是自然规律的一个反常的对立面。自由本身完全是自然的，反映了自然的可塑性以及严格连续性中的新颖差别。如果应用于我们日常对于自我的常识性理解，我们就可以看到，我们称为"意志"的东西就是自我的因果性指令，这个自我构成了身体有机体的一个协调中心，成功或不成功地使它自己的目的性理想对身体的一个特殊区域或整个身体发生影响。这里没有任何神秘之处，因为这种目的性自我决定活动是一切现实事态的一个自然特征，只不过这种特征在此得到了更为复杂的表现而已。自由的其他表现方式亦然。

自由与美：适应性和谐

　　美的情形与自由完全一样。正如复杂形式的人的自由是一切现实事态自我组织或自我建构活动的自然表现，复杂形式的美也是为一切现实事态所特有的和谐目标的自然表现。事实上，怀特海宣称，最好把人类和世界的历史都描述为对美的追求。用中世纪美、善、真的三分法来说，美或审美和谐构成了三者中更具广延性和效验性的一方，从而成为另外两方的可能性的条件。

在怀特海看来，"美就是一个经验事态中若干要素的相互适应"（AI，p.252）。对美的追求，必然包含一种整体与部分之间的相互适应性关系。就其最一般意义而言，只有在下述情况下，美才能存在：一个现实事态的各个部分作为与某种最终目的彼此一致的东西得以统一。用审美经验来说，只有在下述情况下，某物才是美的：

○ "部分有助于对于整体的强大情感，整体也有助于提高对于部分的情感的强度……美的完善被规定为就是和谐的完善，而和谐的完善又是根据主观形式在细节和最后综合方面的完善加以规定的。"（AI，p.252f。另见中译本第 297 页）

在美中，各个部分相互配合或协作，从而有助于整体的和谐。美，据说就栖居于整体与部分的和谐关系之中。

怀特海把美描述为"相互适应"，这与康德对美的看法一致，后者把美描述为在知性和想象力这两种官能自由作用的相互一致中所感到的愉悦。但在怀特海这里，这种相互适应或自由一致不局限于认知经验的要素。相反，美是自在自为存在的事态的一个本体论特征。换言之，美不单纯是认知经验的一个特征，而是世界本身的一个特征。

美的观念，在怀特海体系中的丰富意义最为清楚地表现于美在现实事态的特性中所占的地位。如前所述，现实事态具有三重特性。现实事态的一个决定性特征在下述二者中间实现了相互一致，即由其先行事态继承而来的确定性限制和该事态自己的自我建构目标或最后满足。在一个现实事态中，继承的因素必须与当前事态的具体统一性所特有的最后目标相互适应。事态自己的新颖表现与其继承下来的决定或限制相互适应，只有这样，一个事态才是其所是。因为一个事态将始终构成继承的决定和它自己当前新颖表现（即继承材料和主动材料）的和谐统一体，因此，每一事态都将始终致力于美的某种具体表现。由于在对事态继承的模式或形式与其当下或当前特性（它的继承材料和它的主动材料）之间的差别进行协调的过程中，该事态必然致力于"一个经验事态中各种要素的相互适应"，即美，因此，作为世界的一个现实或实在成分，最好从审美角度把事态规定为一种美的表现：

"因此，就其首要意义而言，美就是表现于现实事态的一种性质。或者反过来说，美就是这些事态可以各自介入其中的一种性质。"（AI，p.252。另见中译本第 296 页）

说一个现实事态必然是美的，不过是说它应当在整体与部分的关系中表现出某种程度的和谐或一致——一种不同要素之间的和谐或一致。因为美的观念所不可缺少的就是和谐与差别这双重要素。（AI，p.255f）在源于这一一般过程的差别的复杂和谐中，"部分有助于对于整体的强大情感，整体也有助于提高对于部分的情感的强度"（AI，p.252）。因此，自然的创造性进展，也可以被理解为向和谐或美的新颖表现的创造性进展。

尽管一个当前事态始终与构成其过去的全部客观化事态处于一种连续关系之中，但过去事态一般说来将对某个当前事态具有不同程度的关联、价值或效力。如果事物的存在可以被归结为一个单一的当前事态，并且与一个过去事态的客观化领域处于一种整齐的继承关系之中，那么，世界的当前状态（每当我们愿意看的时候）就会是一个完成的和完全和谐的状态，即在单一的当前自我建构事态中所达到的和谐。因为一个当前事态的统一性，也是某种有限自我实现或自我完成过程的最后统一性——该事态的最后满足状态。就一个单一的起统一作用的事态而言，一切可能的和谐都将在那个事态中得以完全实现。一切不和谐都将消失，一切挫折都将消除。然而，对怀特海来说，宇宙决不能被归结为一个单一的起统一作用的事态，甚至不能被归结为上帝。相反，在一个由先前、后继和共时关系构成的多元的领域中始终有多种事态共存。"当前"始终为多种共时事态，而绝不是为一个单一事态所占据。正是从当前的多样性中，从构成当前的共时事态所代表的独特综合模式中产生了冲突、不和谐和挫折。

就其本质而言，共时事态存在"于彼此的因果独立性之上……所以，任何一个事态都不属于另一事态的过去"（AI，p.195）。很简单，共时事态是共同在场的事态，即彼此同时存在的事态。因为它们是共同在场的，所以，共时事态从因果或效果上看是彼此独立的。成为一个有效的原因，就是存在于某个当前事态的客观化过去之中。由于共时事态从本质上说是共同在场的，所以，不能说它们彼此处于任何直接的因果效验关系之中。因此，就其当前的微观活动而言，共时事态看起来将始终是相互遮蔽的。作为自我构成、自我建构的个体，共时事态看上去仿佛相互"遮蔽"，因为它们之间没有任何直接而有效的客观约束。

然而，尽管诸共时事态从未处于任何直接的因果效验关系之中，但它们仍然分享一种间接关系，即与一个共同的过去和一个共同的将来的关系：

○ "共时事态的相互独立，严格限于其目的性自我创造的领域。这些事态源于一个共同的过去，而且它们的客观不朽性在一个共同的将来中发挥作用。因此，通过过去和将来的内在性，这些事态间接地联系在一起。但就诸共时事态而言，自我创造的直接活动却是分离的和私有的。"（AI，p.195。另见中译本第 228 页）

尽管从未分享一种直接的因果效验关系，但诸共时事态通过它们，与一个继承下来的共同的过去及一个可决定的共同的将来的直接而有效的关系而间接地联系在一起。共时事态与构成其过去的客观事态的共同领域处于一种直接关系之中。每一个共时事态还在保存和继续其过去方面，通过为一个共同的将来设置其自己的限制（MT，p.195f）而发挥作用。共时事态通过与一个共同过去和共同将来的这种关系而间接地得以"了解"。因此，诸共时事态间关系的间接性质表现为一种"共同的"环境或秩序关系：

> "这种秩序将既把共时世界的各个部分相互联结起来，又把这些部分与该事态联结起来。但共时世界的各个部分只有在成为这种秩序的被关系项时，才属于该事态的经验。这就是为什么共时世界应当被视为统一空间关系领域的一般说明。"（AI，p.126f。另见中译本第229页）

因为共时事态只是被间接地加以了解，所以具体的现实世界所特有的"内在活动"仿佛并不存在于共时事态之间。"共时世界作为由各种关系和性质构成的被动主体进入经验之中"（AI，p.196f）。因此，在由空间关系构成的共时世界中，我们永远不能经验到构成其他共同在场事态的创造性活动，只能通过与过去及我们自己当前自我建构活动的类比，而间接地了解这种创造性活动。

虽然诸共时事态的确分享一种间接关系，一种明显的空间关系，但在它们之间仍然存在着重要差别。这些差别有助于产生世界中的无序要素，因为诸共时事态在下述两种重要意义上有所不同：首先，与每一事态相连的过去虽然是共同的，但这些客观要素对每一共时事态所具有的关联程度则有所不同。就是说，由于存在着历史观点或地位方面的不同，对于一个事态直接相关的东西，对于另一事态而言则可能不那么直接相关，"因此，在宇宙的任意两个事态中，每一个事态都有与另一个事态的构成毫不相干的要素"（AI，p.198）。

其次，在共时事态的主观形式间存在着独特的或新颖的差别。每一个事态都将把它所继承的过去综合或调和在主观和谐的一种独特和新颖的表现之中。因为每一事态的自我构成过程都独立于它的共时事态，每一事态所实现的独特综合都将在为将来所设置的限制中引入附加的差别。正是通过共时事态所引入的必然差别，以及那些差别作为对于将来的不同看法而提出的各种对比，产生了挫折和不和谐。然而，也是通过这种不和谐，产生了很多丰富的日益复杂的表现形式，特别是那些复杂的自由表现形式。

统一性和多样性这双重事实，产生了宇宙中所盛行的普遍的不和谐。

"对于统一性的任何描述都将需要多种现实性，而对于多样性的描述也将需要意义和目的由之而出的统一性概念。由于多种事物本质上的个体性，因此必然会产生有限实现之间的冲突。因此，多之合而为一及意义之从一达于多，均包含着无序、冲突和挫折的概念。"（MT，p.51）

在共时事态的多样性中存在着争取有限实现的"竞争"，其中，各种和谐与美的理想被其他相互冲突的理想所挫败。如果与近代进化论进行类比，那么，可以说在共时事态的多样性中存在着实现的"竞争"或为争取共时事态间和谐的不同表现而进行的"竞争"。正是从这种实现的"竞争"或表现的"竞争"中，我们在"高级"生命形式中所发现的复杂形式的自由才成为可能：

"由主观形式的不一致性所强加的观点以另一种方式为自由作了准备。在决定由之产生的事态的初始阶段方面，先前的环境并不是完全有效验的。环境中的若干要素，被从作为新创造物中明晰事实的功能中排除出去……每一新鲜事态的初始阶段都代表了过去斗争的一个结果，这种斗争的目标是超出自身之外的客观实存。"（AI，p.198。另见中译本第 231 页）。

和谐的理想本身是可以继承的,但这些理想的完全实现则受到其他冲突理想的阻挠,其中每一个理想都在寻求自己的实现。

复杂形式的自由源于对比的丰富性,源于共时事态间透视性评价或差别的丰富性。对怀特海来说,世界是由这样一个共时领域——其中充满了对于和谐或美的各种不同的独特道路或表现方式——构成的,每一条道路或每一个表现都以其自己的方式与其他道路或表现相互促进和(或)相互冲突。从共时事态间的彼此协作和竞争中产生了这些事态之间的某种"活动余地",即一个具有因果不确定性的空间。于是,在有生命事物中存在着对于自由的很多不同的独特道路或表现形式:

⭕ "共时事态巨大的因果独立,保存了宇宙中的活动余地。这种独立性为每一个现实提供了一个有利的不需负责任的环境。"(AI,p.195。另见中译本第 227 页)

在为诸事态提供一个丰富多样的可能表现领域的过程中,复杂形式的自由仍然"植根于我们与我们共时环境的关系之中。自然的确提供了一个独立活动的领域":

"共时事态的因果独立性是宇宙中自由存在的根据。面对共时世界的新颖事物被共时事态孤立地加以解决。完全的共时自由是存在的。"（AI，p.198。另见中译本第 231 页）

活动余地源于共时事态的因果独立性。事态不同道路之间的不一致性，还会促进不同的、在很多情况下相互对立的历史发展道路的展开。源于这些不同历史道路的多层次差别，促进了更复杂、更综合的和谐表现形式朝向不间断的持续性和越来越大的强度发展。越来越大的经验强度和不间断的持续或生存这双重目的，还构成了大部分有生命事物背后的驱动力。

共时事态之间的差别也使理解——自由的一个专门化例证——成为可能。因为在怀特海看来，理解一方面依赖于确定模式或结构的实在性和可入性；另一方面也同样依赖于在规律的有效统治中出现差别或偏离的可能性。根据怀特海的看法，如果规律的统治是绝对的，那么，知识或理解便完全是多余的，一切事物都将有规律地以机械论方式运转。尽管常规或对规律的服从对理解来说是必要的，但这种常规绝不可能是绝对的。因为如果常规是绝对的，就不可能有自由和知识：

"除非社会彻头彻尾充满了常规，否则，文明便会消失……社会需要稳定性，预测本身也以稳定性为前提，而稳定性则是常规的产物。但常规是有局限的，正是为了发现这些局限，并采取相应的行动，才需要预测。"（AI, p.90。另见中译本第 105 页）

正是诸共时事态间存在的差别和冲突，产生了知识的可能性及在理解中进步（和退步）的可能性。因为正是从诸共时事态所采取的不同道路所存在的必然的不和谐中，逐渐发展出了生命这种复杂的自由表现。最终出现的是，在复杂有机体身上所发现的复杂形式的自我决定自由、主观统一性自由和决定的自由。这种自由最显著的表现形式就是持久个体或"个人"，即在事态历史的航线上得以继续的个人秩序的统一历程。只有这种高度复杂的有机体，才能体验到自由本身的快乐：

"决定的自发性和独创性属于每一现实事态的本性。决定是个体性的最高表现：其共形的主体形式是从对自由的享受而来的享受的自由。新鲜性、热情和特别强烈的渴望均源自于它。在一系列个人事态中，通往一个完善理想且目标在望的向上通道所产生的激动，要比彻底试验过的主要变形，从而在达到完善的过程中长久拖延所产生的激动强烈得多。"（AI, p.258。另见中译本第 303 页）

这个通往越来越复杂的自由表现的向上通道，最终产生了人对艺术和知识的追求，以及对各种形式的政治和个体自由的极大强调。对怀特海来说，所有这一切都包括在一个复杂的和谐理想中，即在自由的理想下团结起来的持久个体性的和谐：

○ "伟大的和谐就是在背景的统一性中结合在一起的持久个体性的和谐。正因如此，自由的概念常常出现于高级的文明中。因为无论就其多重含义中的哪一种而言，自由都是对于强有力的自我肯定的要求。"（AI, p.281）

最高形式的自由就是对自由本身的享受，即冒险的激动。正是通过对于诸如艺术之类的追求，这一点得到了最清楚的表现，因为"艺术的秘密就在于它的自由"：

○ "艺术作品是自然的一个片断，它身上带有有限努力的痕迹，所以它是独一无二的，是从其背景模糊的无限性中选派出来的一个个体事物。因此，艺术提高了人类的感觉能力。它让人产生一种超自然的兴奋感。日落是壮丽的,但它属于自然的一般流动。百万次的日落，也不会使人驱向文明。把等待人类去获取的那些有限完善召进意识之中的任务，需由艺术来完成。"（AI, p.270f。另见中译本第 318 页）

因此，在其最根本的意义上，自由就是对越来越高、越来越综合的美的形式或表现的追求，这些形式和表现体现了差别中的统一这种复杂的和谐（在这里，"被连结在一起的事物的特性进入到连结它们的关联特性之中"）。

自由、理解与知识承诺

在怀特海对知识承诺的解释中，解释的核心是理解的价值问题。若没有理解的进展，我们所了解的文明的可能性将是难以设想的：

○ "撇开细节和体系不谈，一种哲学观就是思想和生活的真正基础。我们所专注的那种观念，以及我们放入微不足道的背景中的那种观念，支配着我们的希望、我们的恐惧和我们对行为的控制。我们怎样想，也就怎样生活。这就是一大堆哲学观念不只是一个专业研究问题的原因。哲学观塑造了我们的文明类型。"（MT，p.63）

在怀特海看来，一切理解都必须包含某种终止或完成的要素，即理解与被理解者之间某种相互一致的自明性。若没有认识与被认识者之间（即"知识"或"理解"与其"内容"之间）相互一致的自明性，知识承诺将仍然是完全空洞的。因此，对于理解来说，一种完成的要素至为重要，而该要素"源于我们理解的自明性。事实上，自明性就是理解"（MT，p.47）。

在怀特海看来，在寻求"理解"的努力中，被理解者的特性或细节被统一在一种相互一致之中，这种相互一致之间的和谐、相互适应或"适合"仿佛是自明的。这种自明性也落到了上述关系之间感觉的或审美的一致性之上。对于一种感觉的或审美的一致，没有更多的话可说，也无进一步证明的必要。这种证明仿佛就存在于当下被知觉到的和谐或适应之中。于是，理智地说，理解的一般结构或形式，只不过是事物本身审美结构或形式的一个例证。当"被连结在一起的事物的特性进入到连结它们的关联特性之中"（即当事物是"美的"）时，"事物的具体连结"便得到了充分实现。同样，在理解的自明性中，被理解者的特性也进入到人们理解的特性之中。这种自明性不仅仅是心理的或理想性的，而且是源于被如此理解的一般结构中的现实细节或实在关联：

"理解始终包含结构的概念。这一概念可以两种方式中的一种进入理解之中。如果被理解的事物是复合的，那么，对它的理解就可以着眼于它的组成要素。这些要素交织在一起就形成该整体事物的方式。这种领会方式，表明了事物为什么是其所是。

"第二种理解方式是把事物作为一个统一体来处理，从而获得其对环境影响力的证据，无论该统一体是否能够加以分解。第一种方式可以被称为'内在的理解'，第二种方式可以被称为'外在的理解'。"（MT，p.45f）

理解之所以必然包含一个审美维度，只是因为它包含着对某种自明因素的诉诸，"审美经验是对自明性的另一种享受"。因此，就理解包含了对自明性的某种诉诸而言，它必然"不适用于逻辑"（MT，p.60）。

尽管理解包括某种完成的要素，但理解所达到的完成形式却不是某种最终或绝对的终止。相反，理解是一种能引发进一步进展的终止形式。"理解绝不是一个已完成的、静止的精神状态。它始终具有一个延伸的、未完成的和不完全的过程的特点"：

"当然，在某种意义上存在有完成。但这种完成预设了与某种给定的、不确定环境的关系，提出了一种有待于进一步探究的观点。"（MT，p.43）

我们在理解中所寻求的不是任何绝对终止或最终解决，而是这样一种解决，它将开启通向一般进展或增长的新的可能性。因此，理解不是单纯的解决，它还包含了一种重要的"使能够"的因素：

> "与我们的可理解性经验相关的洞察力观念，与理解的增长密不可分。感觉到离开任何增长含义的完成，实际上是理解的失败。因为仅仅朦胧地感觉到与遥远事物间未经探查的关系，实际上是一种失败。感觉到没有任何完成含义的洞察力，也是理解的失败。因为如果那样，洞察力本身就是缺乏意义的。它缺少成就。"（MT，p.48）

虽然理解必然包含一种终止的要素，即与有效继承下来的模式相一致，但是它也包含一种朝向将来的冲动，即作为既包含当前，又超越当前的对将来的开启。"我们永远不能达到充分理解，但我们可以增加我们的洞察力。"因此，在怀特海看来，在其最真实的意义上，理解就是超越一个人的当前状态，获得对于与将来相连的新问题和新希望的洞见。理解不是知识承诺的完成或满足，而是这种承诺的提高或增强。就其本身而言，理解必须被视为一种特殊形式的自由，因为虽然它是通过把我们的注意力转向过去而开始的，但它却表现为我们对当前和将来关注强度的增加。和自然本身的一般过程一样，理解也包含若干既内在又超验的要素，这些要素出于过去，同时又指向将

来。因此，作为自由的一种形式，理解构成了一种创造性的努力，一种对一般创造性原理的表现。（AI，p.47）

尽管在推进一般创造性原理，以及它所需要的综合性自由承诺方面做了大量工作，但是怀特海还是谨慎地把一个成熟的和安全的知识承诺保留在他的思辨体系中。虽然我们理解的能力可能是有限的，但在我们理解的努力中，没有任何神秘不可理解者：

> "在这条创造的道路上，理解受到它的有限性的限制。而在有限事物的无限性中，没有任何有限事物从本质上拒绝理解。这种无知是偶然的，而这种知识可能性揭示了它与已知事物诸未经探查方面的关联。关于有限物的任何知识，总是要涉及无限的。"（MT，p.44）

对怀特海来说，事物的存在就是一本打开的书。其中的每一页都讲述了一个真实的故事，该故事在一个连续的自我创造过程中不断展开。

在怀特海提出的整体性价值宇宙中所获得的内部和外部关系相互支持的框架，非常适于保存一般知识承诺。因为有效继承的过程始终包含与一个客观框架的直接关系，所以客观世界中不可能有任何东西躲避着我们：

> "我们在世界中，而世界也在我们中……这一虽然模糊，但却具有强制性的观察事实，是世界关联性的基础，也是其秩序类型得以传递的基础。"（MT，p.165）

如果只是间接地通过共同的继承模式和朝向一个共同将来的契机，那么共时事态被遮蔽的创造性仍然对我们开放。虽然当前事态在其微观的自我发展中的私有性必然始终是遮蔽着的，但一切这样的事态所参与的公开的宏观过程始终是完全可见的。对于这种在其他情况下是私有活动的知识，通过与一个人自己当前经验的类比也是可能的。事实上，怀特海所否认的唯一一种知识是普特南恰当地称为"上帝眼光"的东西。虽然有限显然可以被我们所把握，但构成自然的无限秩序过程的无限性，却超出了一切现实观点的有限性：

> "任何存在物，如果考虑到它与其余事物在关联上的有限性，那么都是可知的。换言之，从某个观点出发，我们可以认识任何事物。但整体性观点则包含着超出有限知识的一种无限性。"（MT，p.42）

对怀特海来说，知识的可能性远远超出了有意识的人的范围，它是一种对不同时代和不同形式的存在者开放的可能性。

因此，虽然意识本身也许不是事物存在的一个必要特征，但如前所述，意识的出现及与之相连的复杂形式的自由本身，是一个完全自然的发展过程：

> "每一个现实事态都有知识能力，而在各种知识项目的强度上存在着不同等级。但总的说来，除了某种在结构上特别复杂的现实事态之外，知识似乎是微不足道的。"（PR，p.156）

作为自由承诺的一种特殊表现，知识承诺不限于人的心理需要，而是属于事物和实存本身的真正本质。因此，存在就是成为一个可能知识的对象。

尽管当前或将来决不与过去完全相同（特别是在有生命的地方），但记住下面一点是十分重要的：从过去继承下来的形式或模式，仍然与当前和将来保持连续性：

> "在直接过去事态的主观形式和新事态产生过程中对它所作的源始把握的主观形式之间，存在着连续性。在对很多基本把握所进行的综合过程中，出现了诸多修正。但直接过去的主观形式与当前的主观形式保持连续性。"（AI，p.183。另见中译本第212—213页）

虽然总有向新颖性的创造性进展，但这种进展必然发生于自然的连续性和秩序的联系之中。正是通过现实事态之间的一般连续性，我们发现了保留知识承诺所必需的最小条件。

在怀特海所勾勒的框架中，知识承诺构成了对于常规统治的普遍摆脱过程中一个虽然很小，却很重要的因素。事实上，知识承诺的存在本身，就表明了对于一个在很大程度上由同质常规构成的世界的重要摆脱。若没有以对诸如知识的追求之类者为代表的自由的复杂表现的进展，世界将表现出对于规律的几乎完全服从，没有偏离过去、通过当前进入将来的余地。因此，对知识的追求本身，必须被视为自由之一般进展的一部分，这是斯多葛派很久以前就指出的一个事实。理解、知识、沉思的理想，以及在古典传统中首次发展起来的各种观念本身，最好被理解为自由的不同形式和创造性的一般表现（AI, p.67f）。

○ "柏拉图自己的著作构成了对于沉思的自由，对于交流沉思经验的自由所作的持续辩护。"（AI, p.51）

虽然自由在怀特海的著作中占有至关重要的地位，但必须记住：他所描绘的自由形式，只有通过与被继承模式的一种确定关系，即通过与因果效验、传统和规律的某种关系，才能实现。只有在自然的连续性、秩序和确定性中，各种形式的自由才是可能的。离开了其中的任何一方，另一方都不会存在。（AI，p.63）因此，只有在规律或传统的联系中，即被客观决定的模式的联系中，各种复杂形式的自由才是可能的。（SRM，p.65f）自由既需要规律的强制力（即继承的模式），又需要不同形式的和谐。排除了自由和强制之间的对比，"文明人的历史就只是毫无意义的一连串事件，其中包括与概念相关的情感的作用，但这些概念与物理事实毫不相干"（AI，p.198）。因此，怀特海思辨体系的另一个重要特征是差别、挫折和强制在其体系中所占的重要地位。挫折、强制和连续性、协作性一起构成了事物本质中的基本要素，这些要素是自由的进展所必需的。

为了具有充分的综合性，一个人的思辨框架必须同时包括统一的要素和差别的要素、和谐（或美）的要素和不和谐（和挫折）的要素。正是不和谐促使我们接受"突出新细节的新模式"（MT，p.55f）。挫折与不和谐有助于开启超越我们当前观点的新视野。例如，在一般的哲学领域中，不和谐和挫折的在场促成了对想象思辨的接受，这些思辨远远超出了我们当前的理解，超出了当下语言用法的限制。这些思辨至少会有一个负面价值，因为它们"表明，对人类经验某些方面首尾一贯描述的专注何以会阻碍理解的进展"（MT，p.57）。从方法论上看，同时肯定差异性和连续性的价值、同一性和差别性的价值，以及和谐与挫折的价值的需要，要求更多地强调作为知识寻求和理解进展中一个主要因素的相似性（就其最广泛意义而言）。

因为只有相似性才允许我们处理那些在比例上具有同一性，但又有重大差别的事物：

"相似性在多样性中得以生存。理性主义的程序就是对相似性的讨论。理性主义的局限是无法逃避的多样性。"（MT，p.98）

怀特海提出的可修改框架，否认演绎确定性的理想所固有的绝对认识终点的可能性。然而，怀特海赋予创造过程的可理解结构，为自然的一般秩序中有限知识的可能性提供了充足理由。例如，怀特海对有效因果关系、继承模式或这些模式所产生的自然规律所作的解释，以及他对那些模式的层创进化本质所要求的经验实验和观察需要所作的解释，看起来同近代科学的方法和一般要求完全一致。他对现实事态自我发展所包含的内部目的性过程，以及因该过程而成为可能（但并未因该过程而成为必然的和不可避免的）的主体性和"人格"的复杂表现所作的解释，看起来也与我们关于主体意向性和目的性的第一序列经验完全一致。他对于作为逻辑和审美因素的复杂统一体加以发展的理解所作的解释，同样重视了在寻求知识过程中对严格推理和审美满足的要求（怀特海声称，这一要素在数学家的下述要求中最为明显：一个公式或定理应当是美的）。此外，他对因其创造性的一般本体论和经验美学而成为可能的创造性自由所作的解释，在复杂性和丰富性上足以满足对自由的任何诉诸。

　　总体上说，怀特海的创造性哲学看起来的确提供了一个安全的综合性基础。在此基础之上，知识承诺和自由承诺得以保留和推进。他的创造性哲学的核心是这样一种一般信念：尽管它强调逻辑分析（这种强调是任何哲学进展所不可缺少的），但哲学还具有审美的特性，带有继承的价值、当前的评价以及未经证实的命令和不明确的理想。怀特海对美学的强调，对价值事实及体现在日常事实中的价值的强调，在今天仍居支配地位的机械论世界观之外，为我们提供了一种重要的哲学选择。他对于一个由相互依赖关系构成的价值世界的新观点可能具有根本的重要性，有助于为我们哲学的及更日常化的思考方式提出新的方向。怀特海对传统形而上学的批判，以及他关于由相互依赖关系构成的"生态"形而上学的观点，为对环境和世界更为敏感的审美和道德理想的建立留下了余地。这些对环境敏感的理想的建立，会大大有助于在人和非人的世界中重新规定我们的关系，从而推进"理性的功能"——生活，生活得好，生活得更好。正因如此，怀特海提醒我们：哲学是，并且始终是一门艺术，而不是一门科学，后者本身只是那种艺术的一种特殊表现形式。正如怀特海所恰当宣称的那样：

○　　"哲学类似于诗。哲学是为诗人的生动暗示找出一种常规表达的努力。它是把弥尔顿的《力息达斯》归结为散文，从而产生可用于其他思想关联的言语符号的努力。"（MT，p.49f）

哲学是建立在知识承诺的基础上的。然而，在怀特海这里，知识承诺最好被理解为更一般的自由承诺的一种表现，后者体现在一个由相互依赖的关系构成的框架中。而每一种自由承诺最好被理解为一般创造性原理的一种复杂表现。在重新规定形而上学和宇宙论，在帮助塑造哲学探究和不断继续的观念冒险方面，这一原理具有非常重要的意义。

On Whitehead ——————— 参考书目

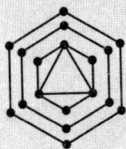

J. 布拉德雷："行为、事件与系列：形而上学、数学与怀特海"，载《哲学杂志特刊》第 10 卷，1996 年第 4 期，第 233—248 页（Bradley,J., "Act, Event, Series: Metaphysics, Mathematics and Whitehead", *J.Spec.Phil*, Vol.10, No 4, 1996, pp.233-248）。

"怀特海的先验论与思辨实在论"，载《过程研究》第 23 卷，1994 年秋冬季第 3—4 期，第 155—191 页（"Transcendentalism and Speculative Realism in Whitehead", *Process Studies*, Vol.23, No.3-4, Fall-Winter, 1994, pp.155-191）。

"怀特海、海德格尔和关于新的悖论"，载《过程研究》第 20 卷，1991 年秋季第 3 期，第 127—150 页（"Whitehead, Heidegger, and the Paradoxes of the New", *Process Studies*, Vol.20, No.3, Fall, 1991, pp.127-150）。

C. 哈尔茨霍恩:《黑暗与光明：一个对其幸运经历，以及使这种经历成为可能的那些人进行反思的哲学家》，奥尔巴尼，纽约州立大学出版社 1990 年版（Hartshorne, C., *The Darkness and the Light: A Philosopher Reflects Upon His Fortunate Career And Those Who Made It Possible*, Albany: State Univ.of New York Press, 1990）。

D.L.C. 麦克拉克伦:"怀特海的知觉理论",载《过程研究》第 21 卷,1992 年冬第 4 期（MacLachlan, D.L.C., "Whitehead's Theory of Perception", *Process Studies*, Vol.21, No.4, Winter, 1992）。

《知觉哲学》,普林蒂斯－霍尔出版公司 1989 年版（*Philosophy of Perception*, Englewood Cliffs: Prentice-Hall 1989）。

B. 罗素:《亲爱的罗素……他与一般公众通信的选集: 1950—1968 年》,伦敦,乔治·艾伦与昂温出版公司 1969 年版（Russell, B., *Dear Bertrand Russell... A selection of his correspondence with the general public* 1950-1968, London: George Allen and Unwin Ltd., 1969）。

《罗素自传: 1872—1914 年》,伦敦,乔治·艾伦与昂温出版公司 1967 年版（*The Autobiography of Bertrand Russell 1872-1914*, London: George Allen and Unwin Ltd., 1967）。

A.N. 怀特海:《自然的概念》,剑桥大学出版社 1971 年版（Whitehead, A.N., *The Concept of Nature*, Cambridge: The University Press, 1971）。

《符号使用: 它的意义和效果》,纽约,福德姆大学出版社 1985 年版（*Symbolism: Its Meaning and Effect*, New York: Fordham Univ. Press, 1985）。

《过程与实在：宇宙论》，校正版，D.R 格里芬和 D.W. 舍伯恩编，纽约，自由出版社 1978 年版（*Process and Reality: An Essay in Cosmology*, Corrected Ed., ed.D.R.Griffin and D.W.Sherburne, New York: The Free Press, 1978）。

《观念的冒险》，纽约，自由出版社 1961 年版（*Adven-tures of Ideas*, New York: The Free Press, 1961）。

《思想方式》，纽约，自由出版社 1966 年版（*Modes of Thought*, New York: The Free Press, 1966）。

《科学和哲学文集》，纽约，哲学文库 1947 年版（*Essays in Science and Philosophy*, New York: Philosophical Library, 1947）。

《理性的功能》，波士顿，灯塔出版社 1958 年版（*The Function of Reason*, Boston：Beacon Press, 1958）。

悦·读人生 书系

生为人，成为人，阅读是最好的途径！

品味和感悟人生，当然需要自己行万里路，更重要的是，需要大量参阅他人的思想，由是，清华大学出版社编辑出版了这套"悦·读人生"书系。

阅读，当然应该是快乐的！在提到阅读的时候往往会说"以飨读者"，把阅读类比为与乡党饮酒，能不快哉！本套丛书定位为选取国内外知名学者的图书，范围主要是人文、哲学、艺术类。阅读此类图书的读者，大都不是为了"功利"，而是为了兴趣，希望读者在品读这套丛书的时候，不仅获取知识，还能收获愉悦！

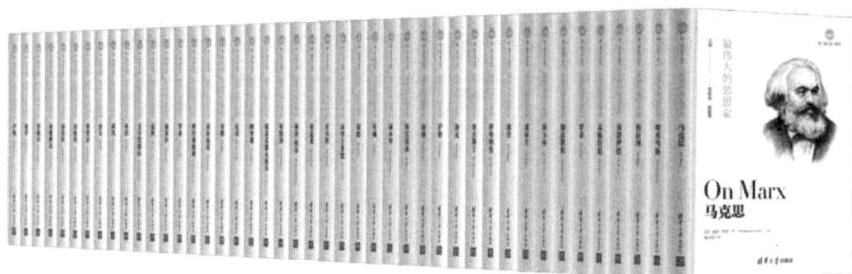

"最伟大的思想家"

北大、人大、复旦、武大等校30位名师联名推荐，集学术性
与普及性于一体，是不可多得的哲学畅销书

聆听音乐（第七版）

耶鲁大学公开课教材，全美百余
所院校采用，风靡全球

大问题：简明哲学导论（第十版）

全球畅销500万册的超级哲学入
门书，有趣又好读

艺术：让人成为人

人文学通识（第10版）

被誉为"最伟大的人文学教科书"，教你"成为人"